sport extrem

John Barry & Nigel Shepherd

FELS KLETTERN

sport extrem

John Barry & Nigel Shepherd

FELS KLETTERN

PIETSCH

Die Originalausgabe ist erschienen
unter dem Titel Rock Climbing

Die Übertragung ins Deutsche
besorgte Dagmar Roth

ISBN 3-613-50111-2

1. Auflage 1990

Postfach 103743, 7000 Stuttgart 10.
Ein Unternehmen der
Paul Pietsch-Verlage GmbH & Co.

Satz: Vaihinger Satz+Druck
Druck: Proost International Book
Printed in Belgium

Anmerkung des Verlags
Der in diesem Buch beschriebene Sport ist von Natur aus gefährlich, und jeder, besonders der Unerfahrene, sollte ihn mit Vorsicht und unter fachlicher Anleitung betreiben. Der Herausgeber übernimmt keinerlei Verantwortung für Unfälle, Verletzungen oder Schadensfälle, die ein Leser dieses Buches erleidet, welche Ursache diese auch immer haben mögen.

Die Autoren

John Barry ist ehemaliger Captain der Royal Marines und war von 1973 bis 1976 Kommandant des Mountain and Arctic Warfare Cadre sowie Direktor des National Centre for Mountain Activities. Der bekannte Bergsteiger hat unter anderem die Eigernordwand bestiegen und ist zahlreiche neue Routen in Gebirgen der ganzen Welt, etwa in Neuseeland, Alaska, Norwegen und im Himalaya, geklettert. Er ist Autor einiger Bücher, darunter: Safety in the Mountains, The Great Climbing Adventure, K2, Savage Mountain, Savage Summer und Improve your Survival Skills.

Nigel Shepherd war seit seinem sechzehnten Lebensjahr aktiver Amateur und wechselte anschließend ins Profilager der Freikletterer. Während der 70er Jahre wurde er einer der bekanntesten britischen Kletterer. Er hat mehr als 5000 Begehungen hinter sich, darunter einige bemerkenswerte Erst- und Zweitbegehungen in Großbritannien, den Vereinigten Staaten und Neuseeland. Darüber hinaus ist er auch ein sehr qualifizierter Bergführer und Trainer. Vor kurzem hat er das Handbuch »Self-rescue Techniques for Climbers and Instructors« herausgegeben, das in einer Rezension als »... ein unschätzbar wertvolles kleines Buch, aufbauend auf enormem technischen Wissen...« bezeichnet wurde. Er ist auch ein leidenschaftlicher Fotograf, dessen Aufnahmen in Kletterzeitschriften und einschlägigen Broschüren häufig publiziert werden.

Der Illustrator

Mike Woolridge ist ebenfalls professioneller Bergführer und hat jahrelang an Kletterexpeditionen auf der ganzen Welt teilgenommen.

Vorwort

Felsklettern findet Jahr für Jahr neue Anhänger. Manche Anfänger beginnen traditionell und entdecken diesen Sport auf eigene Faust, andere wiederum nehmen an einem oder an mehreren Kursen teil. Auf welche Weise auch immer Sie Zugang zu dieser Sportart finden, ein Grundlagenbuch, das Ihnen Ratschläge und Informationen zur Technik gibt, ist fast so unentbehrlich wie ein Seil oder ein Paar Kletterschuhe.

John Barry und Nigel Shepherd sind sehr bekannte Klettertrainer. Aufgrund ihrer Erfahrung zählen sie zu den qualifiziertesten Autoren, die jemals ein solches Buch verfaßt haben. Dieses Buch macht Sie mit einem Sport vertraut, der für seine Anhänger sehr viel mehr bedeutet als nur eine reine Freizeitbeschäftigung. Freiklettern ist ein Way of Life und eine Herausforderung, ein aufregendes Abenteuer, das man in den landschaftlich schönsten Gebieten der Welt genießen kann.

Gutes Klettern!

Dennis Gray British Mountaineering Council

Inhaltsverzeichnis

Einleitung

Der Mensch mit all seinen vornehmen Eigenschaften... ist in seiner körperlichen Struktur unauslöschlich geprägt von seiner niedrigen Abstammung. (Darwin)

Der Arzt, Bergsteiger, Schriftsteller und Humorist Tom Patey schrieb 1969 in der Zeitschrift **Mountain** einen Artikel mit dem Titel »Affen oder Ballerinen?«. Der Beitrag war im typischen unnachahmlichen, freundlich-frotzelnden Stil Pateys abgefaßt. Unter Bezugnahme auf das oben stehende Zitat von Darwin schrieb er: »Wenn es in unser aller Erinnerung begründet liegt, hätten wir uns möglicherweise eine Menge Bergphilosophie und Psychoanalyse ersparen können... ›Warum klettern Sie?‹ Die Antwort sollte auch dem größten Narren einleuchten. ›Weil es die natürlichste Sache der Welt ist.‹ Kletterer sind die einzig echten primordialen Hominiden, die direkten Nachkommen ihrer haarigen, auf Bäumen lebenden Vorfahren.«

Patey meint dies zu mindestens fünfzig Prozent im Ernst – und hat mehr als nur die Hälfte recht. Klettern ist völlig natürlich und selbstverständlich. Wir alle sind einmal geklettert. Das Dumme ist nur, daß es sehr lange her ist, und die meisten von uns vergessen haben, wie man klettert; das heißt, die meisten Menschen bis auf die Kinder, die noch immer auf Bäume klettern – und auf alles Mögliche andere, um sich dem

Klein anfangen. Kinder besitzen im allgemeinen ein natürliches Klettertalent und mit ein wenig Ermutigung machen sie ihre Sache sogar recht gut. Im Prinzip muß man, um Klettern zu lernen, nur sein Gedächtnis auffrischen.

Zugriff der Mutter solange es geht entziehen zu können. Im großen und ganzen klettern sie sogar recht ordentlich. Der Rest der Menschheit scheint diese Fähigkeit deprimierend früh zu vergessen. Aber selbst dann ist das Kletternlernen im besten Fall ein Erinnerungsprozeß oder ein Erinnertwerden, und im schlechtesten Fall ein erneuter Lern- oder Lehrprozeß.

Es ist gut zu wissen, daß diese grundsätzlichen Fähigkeiten irgendwo in unserem Inneren verborgen liegen. Wir müssen sie nur entdecken... oder genauer gesagt, sie wiederentdecken. Wir raten Ihnen deshalb als erstes, diese schlummernden Fähigkeiten zu wekken und ganz selbstverständlich anzufangen. Klettern ist eine individuelle Aktivität (ein Kletterteam besteht selten aus mehr als zwei Personen), und was Ihnen an Kenntnissen auf ganz natürliche Weise zufliegt, ist, bis auf einige Ausnahmen, auch das Beste für Sie. Sie müssen Ihre vorhandenen Fähigkeiten nur ergänzen, nicht verändern. Patey machte sich, halb im Spaß, halb im Ernst, seine eigenen Gedanken über »Stil«.

»Was nun den Stil anbelangt... Jeder Kletterer hat seinen eigenen natürlichen ›Stil‹, um das Wort in seinem eigentlichen Zusammenhang zu gebrauchen. Er trägt ihn als Erbe in sich. Sollen Kletteranleitungen von Nutzen sein, muß der natürliche Stil gepflegt und gefördert werden. Sobald Sie versuchen, ihn zu unterdrücken, wird es problematisch. Wenn Sie einem ›Anfänger‹ Ihren eigenen Stil aufdrängen, verdoppeln Sie nur seine Schwierigkeiten.

Am liebsten beobachte ich Kletterer, die ihr Ziel genau kennen und auf dem Weg dorthin keine Zeit verschwenden. Eine geheime Macht und Antriebskraft trägt sie auf ungeahnte Höhen und dabei helfen ihnen keine dynamischen Posen. Meiner Meinung nach muß ein gewandter Bergsteiger nur drei Kriterien erfüllen. Er darf nicht stürzen. Er darf nicht von der Route abkommen. Er darf keine Zeit verschwenden. In der freien englischen Landschaft mag die Zeit endlos erscheinen; in den Alpen kann sie über Leben und Tod entscheiden.

Perfektion kann man nicht aus Büchern oder von anderen Kletterern lernen. Zwar unterscheiden wir uns äußerlich alle voneinander, aber wir alle verfügen über einige natürliche Fähigkeiten, die wir von unseren primitiven Vorfahren geerbt haben, und eben diese gilt es weiterzuentwickeln. Somit wären wir wieder bei den Affen angelangt. Wenn man einmal darüber nachdenkt, sind Kletterer eitle Persönlichkeiten. Sie vergleichen sich gern mit Göttern, Göttinnen und Gladiatoren; mit Tigern, Adlern und Gemsen; Kunsthandwerkern, Gärtnern und Balletttänzern; und, zumindest in einem Fall, sogar mit Computern! Nur sehr selten hört oder liest man von Kletterern, die sich auf eine Ähnlichkeit mit Gorillas, Schimpansen oder Orang-Utans berufen. Solchen gewagten Vergleichen haftet ein schlechter Geruch an. Kindern bringt man das Laufen nicht bei... sie lernen es von selbst. Warum also den Nachkommen der Affen das Klettern beibringen. .. Das kann man ihnen getrost selbst überlassen. Aber erwarten Sie von ihnen keine Ähnlichkeit mit Ballettänzern.

Wenn Sie also das nächste Mal einen erschöpften Kletterer am Fuß einer Felswand entdecken, locken Sie ihn von oben mit einem Bündel Bananen. Seine plötzlich erwachende Energie wird Sie überraschen!«

Wir möchten mit diesem Buch praktische Erfahrung vermitteln und, so hoffen wir jedenfalls, unterhalten. Allerdings gibt es über den Kletterstil hinaus inzwischen eine Menge Dinge, von denen unsere Vorfahren nie etwas gewußt haben, was wir aber dennoch nicht außer acht lassen konnten; so etwas wie Seile und Knoten, Fußbekleidung (ich glaube, sie gingen barfuß), Ausrüstung und Sicherung (die Stürze unserer Vorfahren mögen selten gewesen sein, aber für gewöhnlich endeten sie tödlich, und das sollte tunlichst vermieden werden!) und Klettergebiete auf der ganzen Welt (unsere Vorfahren beschränkten sich auf ein Gebiet). Dieses Buch gibt Ratschläge zu den ersten Schritten. Es ist eine Einführung in eine Sportart, die Sie hoffentlich ein Leben lang begeistern wird.

Eine Trainerin und ihre Schülerin genießen ihre erste gemeinsame Begehung. Vielleicht ist es für diese Anfängerin der Beginn einer Leidenschaft, der sie ihr Leben lang treu bleibt.

Ein Sommerabend hoch über dem Llanberis-Pass in Nordwales. Die Szenerie in Klettergebieten ist oft überwältigend.

Kapitel 1

Die ersten Schritte

Sie können sofort beginnen; für den Anfang brauchen Sie nichts als ein Paar Turnschuhe. Suchen Sie sich einen niedrigen, günstigen Felsblock mit leicht geneigten Kanten und vielen Rissen und Gesimsen jeder Größenordnung. Achten Sie darauf, daß der Boden um den Felsblock flach und weich ist und keine gefährlichen Felsbrocken herumliegen, die im Falle eines Abrutschens Verletzungen verursachen könnten. Und gehen Sie nicht allein; nehmen Sie jemanden mit, der als eine Art Aufklärer fungiert und aufpaßt, daß Sie bei einem überraschenden Sturz nicht nach rückwärts fallen. Sie müssen nicht weit nach oben klettern. Es reicht völlig, wenn Sie so knapp über dem Boden bleiben, wie Sie noch bequem abspringen können. Auf dem Felsen gehen Sie hinauf, hinunter und quer; die Gesamtlänge wird sich bald summieren und dadurch natürlich auch Ihre Erfahrung und Ihr Spaß am Klettern. Auf Felswänden machen Sie Quergänge – eine Höhe von ungefähr einem Meter über dem Boden genügt. Machen Sie erste Versuche mit der Trittechnik (die Beinarbeit kommt zuerst – jeder hat kräftigere Füße und Beine als Hände und Arme). Setzen Sie Ihre Füße soviel wie möglich ein. Versuchen Sie, die Füße auf jeden möglichen Tritt zu setzen. Dann Aufkanten, denn Turnschuhe (siehe Seiten 28–29) bieten auf kleinen Tritten mit dem Kanteneinsatz den besten Halt. Anschließend versuchen Sie es gleich nochmal und benutzen diesmal auch die Haltepunkte, die Sie zuvor übersehen haben, etwa die kleinen und durch ihre Form auf den ersten Blick nicht als Griffe und Tritte erkennbaren Felsstrukturen. Provozieren Sie die Haftungsgrenze Ihrer Schuhe. Stellen Sie fest, wie wenig Handeinsatz Sie auf nicht sehr steilen Felsen mit guten Trittmöglichkeiten brauchen; versuchen Sie, die Hände gar nicht einzusetzen, um Ihr Gleichgewichtsgefühl zu testen. Machen Sie ein Spiel daraus. Wenn der Block, der Felsen oder die Felswand über allzu großzügige Trittmöglichkeiten verfügt, lassen Sie einige aus; herrscht eher Mangel an Tritten, bemühen Sie sich, mit diesem Problem fertigzuwerden: Einen Fuß auf diesen Tritt oder jenen oder vielleicht dort, die Hände hier oder an einem anderen Griff. Können Sie sich mit den Händen nicht hochziehen, versuchen Sie es einmal mit abstoßen (das ist in jedem Fall weniger ermüdend – alle Kletterer, die ich kenne, können sich sehr viel häufiger abstoßen als hochziehen). Versuchen Sie alles und jedes, was Ihnen eben gerade in den Kopf kommt (oder vielmehr in Füße und Hände). Erinnern Sie sich, womit Sie in jeder speziellen Situation Erfolg hatten. Speichern Sie diese Erkenntnisse zum sofortigen Abruf im Gedächtnis. Lektionen, die man am eigenen Leib erlebt hat, vergißt man nur selten. Der entscheidende Unterschied zwischen den einzel-

Rechts: Ein gutes Gleichgewichtsgefühl und Selbstvertrauen sind Voraussetzung.

Unten: Ein niedriger, freundlicher Boulder auf der Südinsel Neuseelands.

nen Kletterern besteht letzten Endes nur darin, daß der eine hinaufkommt und der andere nicht. Die Abbildungen zeigen einige der gängigen Griffe und Tritte.

Steigtechnik, Reibungstechnik und Plattenkletterei

Der Kletterstil »ohne Handarbeit« spart Kraft und Energie. Jeder verfügt in einem gewissen Ausmaß über Gleichgewichtsgefühl, der eine Kletterer mehr, der andere weniger. Ein gutes Gleichgewichtsgefühl ist insbesondere auf Platten ein großer Vorteil (das heißt, auf Felsen mit einem Neigungswinkel von ungefähr 60 Grad; hier liegt das meiste, wenn nicht das gesamte Gewicht auf den Füßen, die Hände geben nur ein wenig zusätzliche Sicherheit und Unterstützung für das Gleichgewicht). Bei der Plattenkletterei ist ein Tritt oft nicht mehr als eine leichte Verringerung des Neigungswinkels oder ein winziger Riß oder Vorsprung, auf dem die mit dem ganzen Körpergewicht belasteten Schuhe vorwiegend aufgrund der Reibung haften. Allgemein kann man sagen, je steiler der Fels, desto nötiger sind Ihre Hände zur Unterstützung des Gleichgewichts. Einige Kletterer haben eine natürliche Begabung was den wirtschaftlichen Einsatz von Händen (und Armen) angeht, manche müssen sich allerdings darauf konzentrieren, beim Greifen locker zu bleiben und bewußt versuchen, mit der geringst möglichen Anstrengung auszukommen. Die meisten Anfänger klammern sich stärker und damit kraftraubender an, als nötig wäre, um das Gleichgewicht oder den Körperschwerpunkt zu halten. Aber mit zunehmender Erfahrung und Routine nähert man sich schließlich auch in diesem Punkt der Perfektion. Das Gleichgewichtsgefühl kann man trainieren – zum Beispiel durch Balancieren auf Brettern, Umzäunungen, auf einem Seil oder Drahtseil, das allerdings nicht höher als einen dreiviertel Meter über dem Boden zwischen zwei Bäumen gespannt ist.

Setzen Sie auf schmalen Tritten die Füße mit den Zehenspitzen nach innen gegen die Wand. Der Kletterer befindet sich auf der Route »Scarlet Runner« auf einem Schieferfelsen in Nordwales, Schwierigkeitsgrad E 4, 5 c.

Vertrauen in die Reibung der Füße. Glatter, aber grober Granit ohne Haltepunkte, Whitehorse Ledge, New Hampshire, USA.

Beim Bouldern merken Sie bald, wie gut Ihre Fußarbeit ist, und auf welchen Neigungswinkeln und unter welchen Bedingungen die Reibung am besten ist. Schlüpfrige, grasbedeckte oder feuchte Kalksteinplatten bieten längst nicht dieselben Reibungsbedingungen wie knochentrockene, rauhe Sandsteinplatten (andererseits neigt Kalkstein weniger zur Plattenbildung, sondern eher zu vertikalen oder horizontalen Formen). Unter gleichen Voraussetzungen und bei gleichem Neigungswinkel gilt die Regel, je rauher der Fels, desto besser die Reibung. In Großbritannien sind wohl die Platten des Cwm Idwal in Nordwales das bekannteste Gebiet für einen Anfänger der Plattenkletterei. Die Idwal Slabs bestehen aus Rhyolith und haben bestimmt einmal hervorragende Reibungsvoraussetzungen geboten. Inzwischen sind allerdings Millionen von Füßen über diese Felsen gegangen und haben die Oberfläche sehr viel glatter gemacht, als ursprünglich von der Natur vorgesehen war – aber sie eignen sich dennoch großartig zum Klettern und Erfahrung sammeln.

Die Plattenkletterei verlangt sehr viel Gleichgewichtsgefühl, und Reibungstechnik ist weit davon entfernt, nur für Anfänger eine Herausforderung darzustellen. Zum Beispiel gibt es in Derbyshire sehr schwere Plattenrouten auf Sandstein. Nicht zu vergessen etwa solche Platten wie die des Apron im Yosemite Valley in Kalifornien, wo jeder Halt zum Nachdenken oder Ausruhen unweigerlich unerbittliches Abrutschen zur Folge hat. Auf solchen Platten muß man durchklettern, also ständig in Bewegung bleiben, immer weitergehen, in der perfekten Beherrschung der Reibungstechnik einen Fuß vor den anderen setzen. Gehen Sie anfangs nur sanft geneigte Platten, dann werden Sie schnell das richtige Gefühl für das Gleichgewicht und die Plattenkletterei bekommen und erkennen, welche aufgrund ihrer Beschaffenheit keine Haltepunkte bieten werden. Moderne Kletterschuhe mit »Haftsohlen« (Seite 29) sind auf Platten von großem Vorteil, aber für Ihre ersten Versuche werden auch Ihre Turnschuhe ausreichen. Nur ein Tip – lehnen Sie sich nicht in den Fels. Aufgrund physikalischer Gesetze gewährleistet eine mehr oder weniger aufrechte Haltung verstärkt Reibung (und Freude). Dazu ist allerdings ein gutes Gleichgewichtsgefühl Voraussetzung. Nun wollen wir einige spezielle Techniken einer näheren Betrachtung unterziehen.

Riß- und Klemmtechnik

Manchmal besitzt ein Felsen scheinbar keine Griffe, verfügt aber über Risse, die, auch wenn sie an den Kanten abgeschliffen sind, für den kundigen Kletterer genügend Haltepunkte liefern, sofern er eine bestimmte Technik, allgemein bekannt als Rißtechnik, anwendet. An die Rißtechnik gewöhnten sich auch erfahrene Kletterer nur mit tränenverschleierten Augen. Es handelt sich um eine alte Kunstform des Kletterns, die unter Schmerzen auf rauhestem Sandstein bis zur Perfektion ausgefeilt wurde; die bleichen Narben auf den Handrücken beweisen die in der Lehrzeit überstandenen Kämpfe. Wenn Sie einem Sandsteinkönner Glauben schenken, dann wurde die Rißtechnik eigens für Sandstein erfunden. Das mag schon stimmen.

Unten links: Hier sucht man vergebens nach Griffen! Der Kletterer muß sich auf seine Hand- und Fußrißtechnik verlassen. Der nach außen gestellte Fuß hilft, das Gleichgewicht zu halten.

Unten und ganz unten: Ein Zweifinger-Riß, sicher, aber etwas schmerzhaft. Zur Stärkung und Expansion liegen die Finger über kreuz, so wird die Klemmwirkung verbessert.

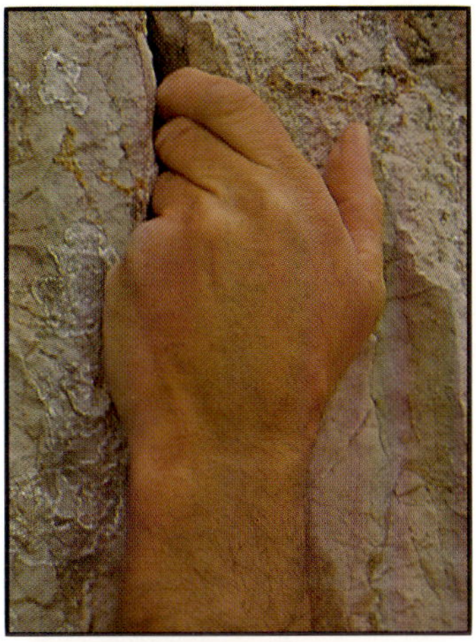

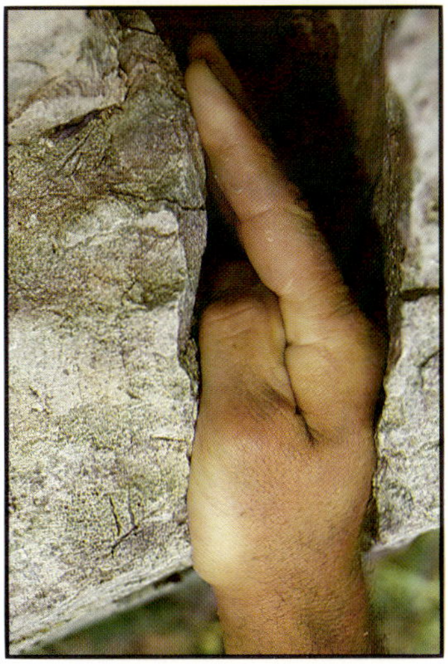

Ganz bestimmt aber ist die Rißtechnik für Finger, Hände, Fäuste und Füße, wenn sie erst einmal beherrscht wird – und bis zur Vervollkommnung ist es ein langer Weg –, eine sichere und effiziente Methode zum Rißklettern. Manchmal ist sie in einer bestimmten Situation sogar die einzige Möglichkeit. Es gibt vertikale und überhängende Risse, die keinerlei Tritte oder Griffe aufweisen, aber ausgezeichnet geklemmt werden können. Beherrscht man diese Technik einmal, kann der Riß zu einem Freund werden. Es gibt die unterschiedlichsten Risse, man könnte fast sagen, Risse für jeden Körperteil, im Extremfall sogar für Hintern und Kopf! Damit ist allerdings nicht das gemeint, was man im allgemeinen unter »klettern mit Kopf« versteht.

Handrißtechnik

Denken Sie stets daran, daß die jeweilige Technik maßgeblich von der Größe Ihrer Hand abhängt. Was für den einen ein Fingerriß, ist für den anderen ein Handriß und für Ihren Klettergefährten vielleicht ein Faustriß. Experimentieren Sie auf Ihrem Boulder, probieren Sie die Finger mit verschiedenartigem Einsatz aus: Daumen nach oben oder unten; Daumen versteckt in der Handfläche oder die Hand ganz offen; mit gestreckten und gebeugten Armen; einmal den Körper nach links, dann nach rechts lehnen. Lassen Sie Ihrer Phantasie freien Lauf. Sehr schwierige oder unangenehme Risse erfordern stets eine gewisse vor Ort gewonnene Erfahrung und Ausprobieren. Vergessen Sie auf keinen Fall die Füße – selbst in den steilsten Rissen findet man oft noch irgendwo einen Tritt. Sehen Sie sich um, dieser Riß ist nicht der einzige – auch wenn er für Sie manchmal zum Mittelpunkt der Welt wird –, und selbst die kleinste Unterstützung durch die Füße kann die Hände von einem enormen Gewicht und gewaltiger Spannung erleichtern.

Oben links: Dieser Fingerriß ist noch sicherer. Die Drehung der Hand erzeugt einen »Nockenmechanismus«.

Mitte links und unten links: Der »perfekte« Handriß. Führen Sie die flache, langgestreckte Hand in den Riß ein, anschließend schieben Sie Ihren Daumen nach innen in die hohle Hand. Drücken Sie Ihre Fingerspitzen gegen die Rißkante, hängen Sie sich an ihre Hand und genießen Sie die Sicherheit!

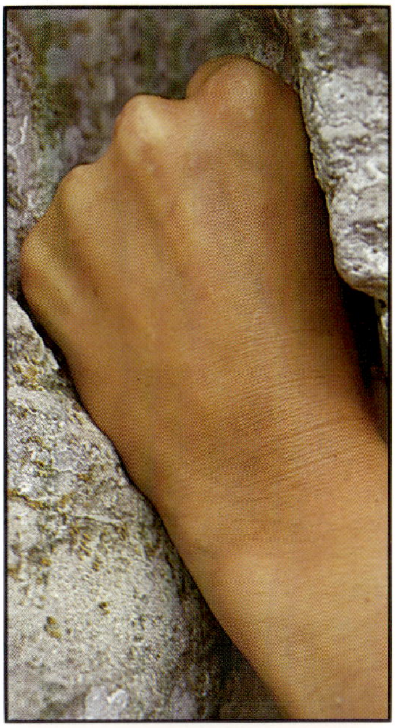

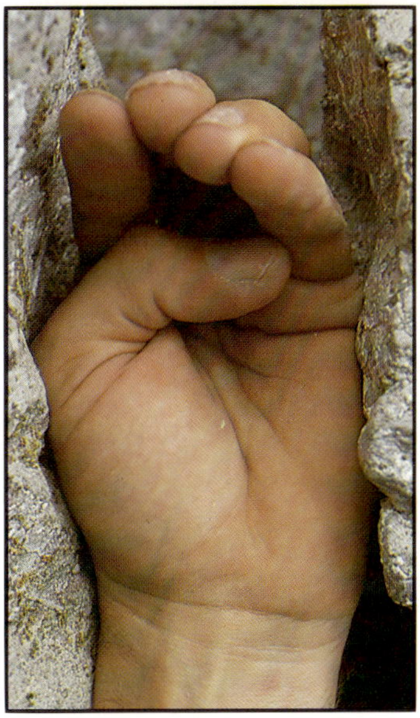

Oben: Ein Faustriß, von außen betrachtet.

Darunter: Innenansicht desselben Faustrisses. Der nach innen gelegte Daumen wird gegen die hohle Hand gedrückt; so bleibt die Haut straff gespannt, und die expandierende Faust erzeugt eine bessere Klemmwirkung.

Oben: Ein Zehenriß. Durch die Drehung des Fußes wird eine bessere Klemmwirkung erzielt.

Darunter: Ein Fußriß. Sowohl Ferse als auch Zehen erzeugen mit Hilfe des Gummirandes der Schuhe die Reibung.

Rechts: Ein Körperriß. Zu breit für Hand- und Fußrisse.

Fingerrißtechnik
Fingerrisse sind zuweilen äußerst schmerzhaft und daher etwas lästig, bieten aber in schmalen Rissen eine sichere Halteposition. Größte Sicherheit erreicht man, wenn die Finger bis zu den Knöcheln in den Riß eingeführt werden.

Faustrißtechnik
Diese Technik benutzt man für eine Rißbreite, die sich weder für Fingerrisse noch für Handrisse anbietet.

Fußrißtechnik
Die Fußarbeit ist wichtig. Sofern Sie keine Tritte auf jeder Seite Ihres Handrisses vorfinden, können Sie eventuell mit den Füßen – oder zumindest mit einem Fuß – mit Hilfe der Rißtechnik eine Klemmwirkung erzielen.

Körperrißtechnik
Diese Technik verwendet man bei Rissen, die sich mit der Faustrißtechnik nicht mehr bewältigen lassen, aber auch zu schmal sind, um den ganzen Körper in sich aufzunehmen. Amerikanische Kletterer haben diese Technik perfektioniert, weil sie ansonsten die Risse, mit denen die Geologie die Vereinigten Staaten gesegnet oder, je nach Sichtweise, gestraft hat, nicht hätten beherrschen können. Über einen der bekanntesten Risse dieser Größe in Großbritannien, den Right Eliminate in Cubar, schreibt der Führer:

Right Eliminate E3
»Im technischen Schwierigkeitsgrad unmöglich einzustufen. Die bei

Links: Hier ist ein Könner der Körperrißtechnik am Werk. Amerikanische Kletterer haben diese Kunst aufgrund der Felsbeschaffenheit in ihrer Heimat perfektioniert.

Oben: Manchmal scheint es keine Möglichkeit für eine Rastposition zu geben. Hier behilft sich der Kletterer mit der Klemmwirkung des Knies.

jeder Begehung aufgewendete Energie könnte Sheffield eine Woche lang mit Licht versorgen. Folgen Sie dem weiten Riß, der zwei Aufstiegs- und eine Abstiegsroute ermöglicht, bis das Martyrium vorüber ist. Seltsamerweise verlokkend.«

Diese Rißbreite erfordert wirklich Anstrengung. Rohe Kraft, kurze Hebel und die Energie eines wütenden Bullen ersetzen manchmal die Technik – manchmal. Ein unangenehmer Aspekt solcher Risse sind die nur spärlich, wenn überhaupt vorhandenen Sicherungsmöglichkeiten. Sind Ihre Energie und Kraft zu früh erschöpft, rutschen Sie unweigerlich ab. Aufschürfungen sind das mindeste, womit Sie in einem solchen Fall rechnen müssen – wenn nicht mit Schlimmerem.

Ausruhen mit der Rißtechnik

Auch für die meisten Könner ist eine lange Rißkletterei höchstwahrscheinlich sehr anstrengend. Halten Sie vor dem Aufstieg Ausschau nach eventuellen Rastplätzen und verlagern Sie so oft es geht das Gewicht auf die Füße. Sind keine Tritte vorhanden, auf denen Sie ausruhen können, und brauchen Sie dringend eine Pause, dann setzen Sie die Handrißtechnik ein. Führen Sie eine Hand in den Riß ein und lassen Sie sich herabgleiten, bis der Arm gestreckt ist. In dieser Position lastet der Druck auf den Knochen. Ein gebeugter Arm erlaubt kein Ausruhen, weil die gesamte Belastung noch immer auf den Armmuskeln liegt. Während Sie am gestreckten Arm ausruhen, lassen Sie den anderen Arm locker und leicht baumeln; vielleicht schütteln Sie ihn ein wenig, um die ermüdete Muskulatur wieder mit Sauerstoff zu versorgen. Wechseln Sie mit den Armen ab, bis beide sich erholt haben – und weiter gehts. Aber erwarten Sie nicht, daß sich die Kraft Ihrer Arme wieder vollständig regeneriert; im besten Fall verschaffen Sie sich eine gewisse Erleichterung. Man muß sorgfältig abwägen, ob man einen Felsen durchklettern kann, ob eine kurze Ruhepause mit Hilfe der Handrißtechnik einen Vorteil verspricht, oder ob nicht doch der Rückzug zur nächsten Zwischensicherung

Links: Klettern im Kamin. »Tibia Chimney«, eine Route mit Schwierigkeitsgrad 16 in Whanganui Bay, Neuseeland.

Oben: Klettern in einem schmalen Kamin unter Anwendung der Drucktechnik.

Rechts: Sie müssen mit dem Einsatz der Rücken- und Fußtechnik nicht immer auf Kamine warten. Hier eine gelungene Demonstration unter nicht so beengten Verhältnissen.

oder auf den Boden (was immer am nächsten ist!) vorzuziehen ist.

Der Körperriß hört sich wohl nicht sonderlich attraktiv an, und das mag daran liegen, daß er den meisten Kletterern tatsächlich außerordentlich unangenehm ist. Bleiben Sie trotzdem hartnäckig und versuchen Sie es immer wieder.

Drucktechniken

Kamine

Unter einem Kamin versteht man ei-

nen Riß, der breit genug ist, um den Kletterer ganz in sich aufzunehmen. Die schmalsten Kamine – Stemmkamine genannt – fallen für einen dicken Kletterer allerdings nicht mehr unbedingt in die Kategorie der Kamine. Eine relativ bequeme Kaminbreite klettert man mit der »Stemmtechnik«, das heißt, Rücken an einer Wand, die Füße an der gegenüberliegenden, Hände tiefer als die Füße und mit den Handflächen stemmen und hochschieben.

Normalerweise erfordern Kamine nicht annähernd soviel Anstrengung wie Körperrisse. Beherrscht man die verschiedenen Kamintechniken einmal, können sie schnell und kraftsparend geklettert werden. Beim Durchstieg können Sie Pausen einlegen.

Gegendrucktechnik

Diese Technik wird vor allem bei Kan-

Rechts, unten und ganz rechts: Eine Abfolge zur Verdeutlichung der Gegendrucktechnik. Halten Sie stets Ausschau nach Tritten. Fortgesetzte Gegendrucktechnik ist anstrengend.

ten, in Rißverschneidungen und Rissen sowie bei der Wandkletterei angewendet. Handelt es sich um sehr steile Passagen, ist die Gegendrucktechnik ausgesprochen anstrengend. Auf Routen mit zahlreichen Griffen und Tritten kann man diese Klettertechnik anwenden, um auf schnellstem Weg eine kurze Distanz zu überwinden. Vermeiden Sie bei einem fortwährenden Einsatz der Gegendrucktechnik unbedingt, die Füße zu nahe an die Hände zu bringen, denn damit würden Sie den Zug auf die Arme noch unnötig verstärken. Halten Sie die Arme so gut es geht gestreckt, so daß der Belastungsdruck auf den Knochen und nicht auf den Muskeln liegt, und nutzen Sie, wie bei der Rißtechnik, jeden von der Natur geschaffenen Haltepunkt. Bei Anwendung der Gegendrucktechnik ist es fast unmöglich, Sicherungen anzubringen.

Mantle und Ruckstemme

Dabei handelt es sich, wie auf den Fotos zu sehen ist, um eine Durchstütztechnik. Notwendig wird sie,

Linke Seite, unten und rechts: Die Fotoserie verdeutlicht die Mantletechnik. Hierzu sind Haltepunkte für die Füße und Mut zu einem kräftigen Abstoß besonders wichtig.

Links: Klettern in einer Verschneidung mit Hilfe der Spreiztechnik, die Hände arbeiten mit Druck. »Bircheff/Williams«-Route, Middle Cathedral, Yosemite Valley, USA.

Oben: Extremer kann man die Spreiztechnik nicht einsetzen!

wenn Sie es mit grifflosen Überhängen oder Felsabsätzen zu tun haben und sich nicht hochziehen können. Ein breiter Sims ist leichter zu überwinden als ein schmaler. Hat man sich einmal zur Lösung eines bestimmten Problems zur Anwendung dieser Methode durchgerungen, hilft nur ein energisches Abstoßen, um durch die Stoßkraft den Großteil des Körpergewichts (und damit das Zentrum Ihres Körperschwerpunktes) auf die Hand oder die Hände zu verlagern. Bei dieser Technik kommt es immer wieder zu Fehlversuchen, weil es dem Kletterer beim Abstoßen und Hochstemmen am entscheidenden Mut fehlt. Wenn die Kante sicher ist oder Sie sich in der Nähe einer Zwischensicherung befinden, werden Sie es normalerweise auf einen zweiten Versuch ankommen lassen, obwohl der erste Fehlschlag einiges an Energie und vielleicht auch an Nerven gekostet hat.

Spreiztechnik

In Verschneidungen und weiten Kaminen ist die Spreiztechnik am wirksamsten. Auch wenn Sie die Technik nicht zum Klettern anwenden, bietet sie sich zum Ausruhen geradezu an. Die gespreizte Beinhaltung erlaubt es dem Kletterer meist, sein Gewicht auf die Beine zu verlagern, die Arme zu entlasten und einen, manchmal auch beide Arme, in Ruhestellung baumeln zu lassen. Die Spreiztechnik macht auch ansonsten sehr anstrengende Passagen in Steilrinnen erträglich. Je beweglicher Sie sind, desto besser können Sie mit dieser Technik umgehen, und je längere Beine Sie haben, um so mehr Spielraum haben Sie beim Spreizen. Voraussetzung zum Einsatz der Spreiztechnik sind immer Trittmöglichkeiten; die Spreizstellung übt genügend Druck aus und erhöht die Standfestigkeit in einer Position, von der aus ein Weiterkommen in der Spreizstellung möglich ist.

Weitere Feinheiten

Überhänge

Selbst großzügig mit Griffen und Tritten ausgestattete Überhänge erfordern beträchtliche Anstrengung. Versuchen Sie, beim Klettern gerade soviel Kraft aufzuwenden, wie zum Halten einer Position notwendig ist, und setzen Sie in bestimmten Fällen auch Ihre Stoßkraft ein. Sparen Sie Energie, und setzen Sie so oft es geht Füße und Beine ein. Es ist erstaunlich, wieviel Sie auf einem vertikalen, glatten Felsen, ja selbst auf einer senkrechten, sehr viel Armkraft erfordernden Passage, von der Reibung eines Fußes profitieren können. Auf sehr schweren, steilen Passagen kann es manch-

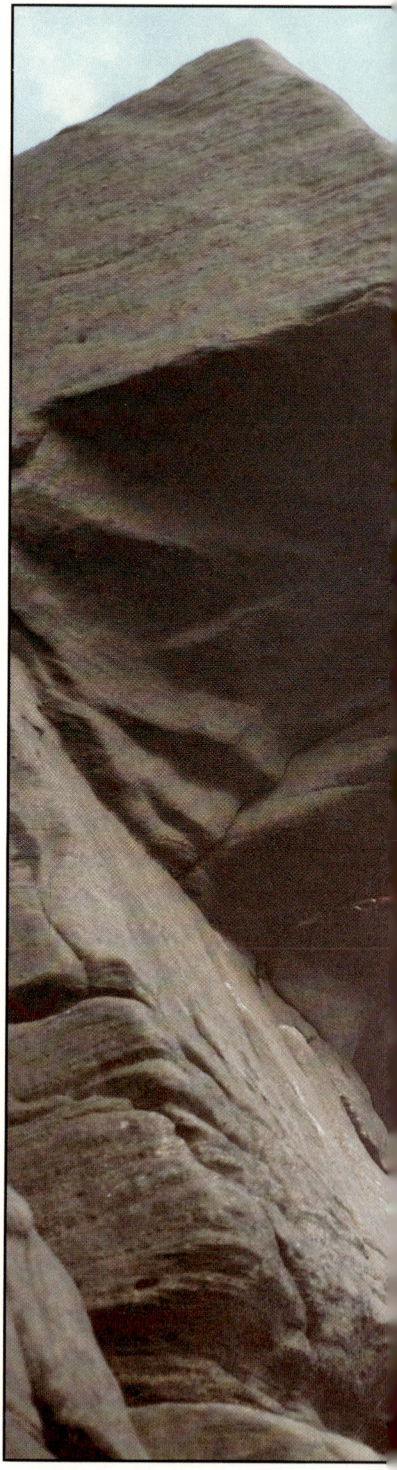

mal notwendig werden, vor dem Weiterklettern zu klemmen. Die Überwindung von Überhängen ist unbestritten eine kräftezehrende Prozedur, und Sie sollten sie auf alle Fälle auf Ihrem sicheren Boulder ausprobieren.

Dächer

Dabei handelt es sich um dachartig überhängende Felsteile. Dächer variieren in der Größe von einem Vorsprung von ein paar Zentimetern bis zu großen auskragenden Dächern von einigen Metern Breite. Aber auch bei den kleinsten Dächern braucht man Griffe, an denen man sich hochziehen kann. Große Dächer überwindet man nur mit Hilfe großer Griffe oder einem durchlaufenden Riß. Dann durchklettert man sie mit Hilfe der Rißtechnik. Mit ein wenig Glück ergibt sich auch die Möglichkeit zur Plazierung von Si-

Ganz links oben und unten: Überhänge erfordern sehr viel Kraft...

Links: ... Dächer allerdings noch mehr! »Quietus«, eine klassische Dachroute am Stanage Edge in Derbyshire.

Unten: Eine sehr schwierige Wandkletterei. Die Route »The Electric Cool-Aid Acid Test«, Schwierigkeitsgrad E 4, 6 c, am Pen Trwyn, Nordwales.

Oben: Mit dieser Technik können Sie leicht auch die kleinsten Fingergriffe nutzen.

Oben: Eine kleine »Tasche«, geeignet für einen Fingergriff. Auf solche kleinen Haltepunkte sollten Sie vorbereitet sein.

Oben: Ein kleiner Quergriff, nur ein Beispiel aus dem zur Wandkletterei erforderlichen Klettertechnikarsenal.

Rechts: Ein Untergriff. Solche Griffe gestatten dem Kletterer eine leidlich erholsame Rastposition. Von hier aus kann er auch, falls nötig, gut nach einem weit entfernten Haltepunkt greifen.

cherungen. Zwar ist es unwahrscheinlich, daß Sie auf Ihren ersten Ausflügen auch nur dem kleinsten Dach begegnen werden, trotzdem sollten Sie auch diese Technik trainieren.

Wandklettern

Ein Freikletterer meint damit eine mehr als 60 Grad steile Felswand ohne besondere Merkmale, wie etwa einer Rinne, einem Riß oder einem Kamin. Beim Klettern in einer solchen Wand fühlt man sich oft sehr exponiert. Meist existieren durchaus weit auseinanderliegende Griffe und Tritte und mehr als genügend Möglichkeiten zum Anbringen von Zwischensicherungen. Es ist nur eine Frage des Sehens und der Erfahrung. Die kleinsten Risse, Löcher und Kanten kommen den künstlichen Hilfsmitteln oft geradezu entgegen (siehe Kapitel 3), und speziell in Steilwänden können Sie Ihr gesamtes Bewegungspotential sinnvoll einsetzen: die Spreiztechnik in Rinnen, in nur andeutungsweise vorhandenen Rißverschneidungen; die Gegendrucktechnik bei Scharten, Vorsprüngen und in Rißverschneidungen; und immer wieder die Riß- und Klemmtechnik. Bereiten Sie sich auf die Anwendung aller dieser Techniken vor. Felswände, die auf den ersten Blick keine charakteristischen Merkmale und keine sichtbaren Haltepunkte erkennen lassen, findet man in Kalksteingebieten besonders häufig.

Wie stets beim Klettern, sollten Sie, wann immer möglich, Fuß- und Beinarbeit einsetzen. Die Füße werden im allgemeinen aufgekantet gesetzt, da-

mit die größere Steifigkeit, die eine bessere Seitenstabilität des Schuhs garantiert, in den Schuhkanten sich vorteilhaft auswirkt. Meist kommt bei der Fußarbeit die vordere Innenkante zum Einsatz.

Weitere Tips und Tricks

Klemmtechnik mit dem Arm

Benutzt man gelegentlich, wenn es gar keine andere Möglichkeit gibt.

Klemmtechnik mit dem Knie

Das ist ganz bestimmt keine alltägliche Technik, aber sie gestattet in einer Rastposition Erholung für beide Hände. Sofern Sie nicht über überflüssige Haut verfügen, wenden Sie diese Technik nicht in Shorts an.

Heelhook

Bei jedem Film über das Freiklettern gehört der spektakuläre Heelhook obligatorisch dazu. Vor dem Hintergrund eines kobaltblauen Himmels tragen die Kletterer stets nahezu gespenstisch anmutende enganliegende Lurexhosen, die in allen Regenbogenfarben schillern, und von ihrer Hüfte baumelt lässig der Kreidebeutel. Abgesehen von seiner filmreifen Attraktivität, ist der Heelhook gelegentlich sinnvoll zur Entlastung der Arme oder zur Erreichung des nächsten Haltepunktes.

»Dynos« (von »dynamisch«)

Zuweilen scheint kein Haltepunkt in Reichweite zu liegen. Versuchen Sie, sich in einem solchen Fall leicht absinken zu lassen, stoßen Sie sich dann kräftig mit den Beinen ab und stemmen Sie sich gleichzeitig mit der Hand am Griff hoch. Die freie Hand greift nach oben nach dem »Dyno«. Das funktioniert gut, solange der Griff, nach dem Sie die Hand ausstrecken, auch tatsächlich existiert. Es lohnt sich, gewissermaßen alles vorauszusehen – und das ist nicht immer leicht. Die jüngsten und geschicktesten der flotten Freikletterer haben inzwischen den »Double-Dyno« perfektioniert. Dabei handelt es sich um zwei »Dynos« in Folge. Wie dem auch sei, sollten Sie den »Double-Dyno« bereits beherrschen, dann sind Sie über diese Seite längst hinausgewachsen.

Oben links: Die Klemmtechnik mit dem Arm bietet sich an, wenn es ansonsten keine Alternative gibt.

Links: Ein Heelhook. Er mag ein wenig »angeberisch« wirken, entlastet aber die Arme.

Kapitel 2

Grundausrüstung

Angeblich haben Joe Brown und seine Freunde in leichten Halbschuhen mit dem Klettern angefangen. Als Seil benutzten sie die Wäscheleine von Joes Mutter. Meines Wissens hat Mrs. Brown senior diese Geschichte allerdings bis heute nicht bestätigt. Vielleicht ist es auch besser so, denn die Vorstellung entbehrt nicht einer gewissen Romantik. Zum Glück für jede Mutter, die ihren Sprößling liebt, aber sehr zum Leidwesen des Geldbeutels, hat sich der Klettersport gewandelt. Sportgeschäfte, die sich auf Bergsportartikel spezialisiert haben, schießen wie die sprichwörtlichen Pilze aus dem Boden, die zu bewältigenden Berge werden dank der Ausrüstung höher und höher; und alles ist immer besser, sicherer, leichter und noch toller. Und teurer.

Für Ihre allerersten Kletterversuche auf Bouldern und Ihre ersten leichten Begehungen reichen ein paar alte Kleidungsstücke und ein Paar Turnschuhe völlig aus. Aber bald werden Sie Ihre Ausrüstung Ihrer zunehmenden Erfahrung anpassen wollen. Mit einer entsprechenden Ausrüstung gewinnen Sie mehr Sicherheit und mehr Spaß am Klettern, und vermutlich machen Sie damit auch schnellere Fortschritte. Reicht Ihr Budget nicht aus, um ein Sportgeschäft leerzukaufen, werden Sie zwangsläufig eine Auswahl treffen müssen. Setzen Sie sich folgende Prioritäten: Kletterschuhe; Seil; Anseilgurte; Seilbremse; Karabiner; Schlingen und Klemmgeräte. Von allem, was darüber hinausgeht, können Sie kaufen, was immer Sie wollen – falls Sie noch Geld übrighaben. Spielt Geld keine Rolle, stürzen Sie sich vermutlich in einen mörderischen Kaufrausch und tätigen wahrscheinlich schon in Ihrem ersten Kletterjahr spontane Gelegenheitskäufe. Natürlich können Sie sich nach zusätzlichen Ausrüstungsgegenständen und noch schickerer Bekleidung umsehen und anschließend noch nach Zubehör für die zusätzliche Ausrüstung. Es ist eine Schraube ohne Ende. Wir wollen uns hier allerdings nur mit der Grundausrüstung beschäftigen. Die von uns vorgeschlagene Reihenfolge müssen Sie aber nicht unbedingt einhalten.

Kletterschuhe

Freikletterer sind die meiste Zeit auf den Beinen und den Füßen kommt wesentliche Bedeutung für Reibung und Haftung zu. Aus diesem Grund sind gute Kletterschuhe wahrscheinlich der wichtigste Bestandteil der ganzen Ausrüstung. Gott sei Dank sind die Zeiten vorbei, zu denen ein Kletterer seine Füße in schwere, mit Nagelsohlen bestückte Kletterstiefel oder in klobige Schuhe mit Profilgummisohle geschnürt hat oder zur Verbesserung der Reibung auf nassem

Eine Auswahl an Ausrüstungsgegenständen für eine Big-Wall-Begehung.

Fels Socken über die Halbschuhe gezogen hat. Vergangen sind auch die Tage, als nur ein leichter Kletterschuh, der früher allgegenwärtige »EB«, erhältlich war. Heutzutage gibt es große Auswahl an Kletterschuhen, die sehr viel besser für ihren eigentlichen Zweck geeignet sind – das Klettern auf trockenem Fels – als alle ihre Vorgänger. Niemand klettert mehr auf nassem Untergrund, wenn es sich vermeiden läßt. Auch das ist wohl ein Fortschritt. In einem gut sortierten Sportgeschäft erwartet Sie bestimmt ein Angebot von mindestens zehn Kletterschuhmodellen. Jedes wird seiner Aufgabe zumindest befriedigend, die meisten sogar sehr gut gewachsen sein. Sie brauchen sich bei Ihrer Wahl also nicht unbedingt den Kopf zu zerbrechen.

Verschiedene Kletterschuhmodelle. Entscheiden Sie sich für das bequemste Paar.

Entscheiden Sie sich für das bequemste Paar, auch wenn es das billigste sein sollte. Ein durchschnittlicher Kletterschuh hält bei einem durchschnittlichen Kletterer ungefähr zwei Jahre. Haben Sie Ihr erstes Paar Kletterschuhe abgetragen, wissen Sie viel mehr über diesen Sport. Dann kennen Sie Ihre Vorlieben und Abneigungen beim Klettern und können schöne Stunden damit verbringen, über Ihr zweites Paar Spezialkletterschuhe nachzudenken. Eine relativ neue Entwicklung ist die »Haftsohle«. Diese Sohlen sind aus einem weicheren und weniger rauhen Gummi und gewährleisten somit mehr Reibung. Beim Klettern bedeuten solche Sohlen einen enormen Unterschied, und in diesem Punkt sollten Sie sich nicht aus Sparsamkeitsgründen mit weniger zufrieden geben.

Die beste Fußbekleidung für den Weg zum Zielort sind Turnschuhe. Heben Sie sich die Kletterschuhe für den Fels auf. So halten sie länger und in jedem Fall leisten Sie mit sauberen, trockenen Sohlen bessere Dienste. Ziehen Sie beim Anprobieren der Schuhe im Laden Socken in der Stärke an, wie Sie sie vermutlich später beim Klettern tragen werden. Manche Kletterer tragen gar keine Socken (kühl an kalten Tagen) und manche dicke Socken (heiß an warmen Tagen). Passende Kletterschuhe (sie sollten eng und bequem sitzen) können diesen Unterschied kaum ausgleichen, obgleich Lederschuhe die Tendenz haben, sich auszudehnen. Der vielleicht beste, jedenfalls der am meisten praktizierte Kompromiß sind dünne Socken. Aber im Grunde bleibt die Entscheidung Ihnen überlassen.

Seil

Vergessen Sie die Wäscheleine, das Hanfseil oder das Nylontau. Heute nimmt man im allgemeinen Kernmantelseile zum Klettern. Das sind Nylonseile mit einem inneren, meist gefloch-

Oben links: Kletterseile. Heute verwendet man ausschließlich Kernmantelseile.

Oben: Der Aufbau eines Kernmantelseils. In Kleinigkeiten unterscheidet er sich je nach Hersteller, aber im wesentlichen ist er identisch.

tenen, verstärkten Kern. Dieser Seilkern wird von einem Seilmantel aus Webmaterial geschützt. Kernmantelseile gibt es in allen Längen (die Kernfasern sind durchgehend versponnen und nicht angestückelt) und in einer Vielzahl von Durchmessern. Am gängigsten sind 5-, 7-, 9- und 11-Millimeter-Seile. Jeder Durchmesser hat für einen bestimmten Einsatz seine Berechtigung, aber Freiklettern erfordert entweder ein Einfachseil mit 11-Millimeter-Durchmesser oder ein Halbseil mit 9-Millimeter-Durchmesser (siehe Kapitel 4 Seilarbeit). Seit kurzem gewinnt eine Generation von 8,8-Millimeter-Seilen zunehmend an Beliebtheit über die etwas schwereren 9-Millimeter-Seile. Achten Sie beim Seilkauf auf die Prüfplakette der UIAA (Union Internationale des Associations d'Alpinisme). Diese Plakette finden Sie auf einem 11-Millimeter-Einfachseil oder auf einem 9-Millimeter-Halbseil, das man mit einem zweiten 9-Millimeter-Halbseil im Doppelstrang verwendet. Die gängigste Länge liegt zwischen 45 und 50 Metern. Der Längenunterschied hat keine große Bedeutung; schon eher entscheidend könnte der Preisunterschied sein.

Kletterseile sind enorm stark. Ein 9-Millimeter-Seil hat eine Zerreißspannung von ungefähr 1500 Kilogramm, ein 11-Millimeter-Seil von ungefähr 2000 Kilogramm. Diese Stärke basiert zum größten Teil auf der Elastizität des Seils, die zwei Ursachen hat. Erstens sind die Kernfasern von Natur aus sehr elastisch; zweitens kommt es darauf an, wie die Nylonfasern versponnen sind, denn zwei Drittel der Seildehnbarkeit hängen davon ab. Dieses Geflecht bestimmt auch maßgeblich das weitere Seilverhalten – Flexibilität, Griffigkeit, die Neigung zu Dehnspannungen, sogenannten Krangeln, Abriebwiderstand, Reißfestigkeit und ähnliches. Das perfekte Seil gibt es nicht, denn viele wünschenswerte Eigenschaften schließen sich gegenseitig aus, und jeder Hersteller muß Kompromisse eingehen. So ist zum Beispiel ein steifes Seil widerstandsfähig gegen Krangeln, aber nicht angenehm griffig. Ein weiches Seil wiederum mag handlich sein, scheuert sich aber schneller ab als ein hartes. Keine Kompromisse darf es dagegen bei der Elastizität geben, denn diese ist ausschlaggebend für die Sturzsicherheit des Seils und sorgt dafür, daß ein Kletterer im Falle eines Sturzes sicher und weich abgefangen wird. Damit wird auch einem ins Seil stürzenden Kletterer ein für den Körper sehr unangenehmer und schmerzhafter Ruck erspart.

Machen Sie sich trotzdem keine allzu großen Sorgen bei der Wahl Ihres ersten Seiles. Jedes Seil mit einer UIAA-Plakette ist ein gutes Seil. Sie müssen sich nur entscheiden zwischen 9-Millimeter-Seilen, die nur im Doppelstrang verwendet werden, oder einem 11-Millimeter-Einfachseil. Ein 11er-Einfachseil ist billiger als zwei »Neuner«. Viele Kletterer besitzen nur ein »Neuner« und verlassen sich darauf, daß der Partner das zweite beisteuert. Vom rein praktischen Gesichtspunkt aus betrachtet, kommen Sie im ersten Jahr mit einem »Elfer« wohl zufriedenstellend aus. Mit zunehmendem Ehrgeiz profitieren Sie vermutlich von den Vorteilen des doppelten »Neuner-Systems«: volle Abseillänge (siehe Kapitel 5) und weniger Seilzug (siehe Seite 58). Aber für den Anfang mag für Ihre Wahl der Preis ausschlaggebend sein.

Seilpflege

Nylonseile verrotten nicht, neigen aber zu anderen Beschädigungen. Eine sorgfältige Seilpflege ist deshalb unerläßlich. Ihr Leben kann davon abhängen, und außerdem sind Seile nicht gerade billig.

Beschädigungen durch Stürze

Ein harter Sturz kann aus mehreren Gründen Beschädigungen am Seil hervorrufen.

1. Läuft das Seil über eine Felsverschneidung oder über scharfkantige schmale Risse, können diese das Seil abscheuern, in das Seil einschneiden oder es im schlimmsten Fall sogar durchschneiden. Achten Sie deshalb darauf, solchen Gefahrenstellen mit Ihrem Seil möglichst nicht zu nahe zu kommen.

2. Nylon schmilzt bei sehr niedrigen Temperaturen – bei ungefähr 220°C. Ein belastetes Seil, das für wenig mehr als nur ein paar Sekunden am selben Punkt über ein statisches Seil hinwegläuft, erzeugt diese Temperatur mit Leichtigkeit. Versichern Sie sich vor jedem Bremsvorgang (Seite 47), daß kein Seil bei einem möglichen Sturz über ein Seil läuft, das zur Sicherung im Fels verankert wurde.

3. Ein sehr harter Sturz dehnt die Nylonfasern über Gebühr und in der Folge verliert das Seil an Kapazität zur Dämpfung eines Sturzes. Leider gibt es keine hundertprozentige Definition, was nun ein harter Sturz ist, aber die meisten Hersteller empfehlen, ein Seil nach einem Sturz von Faktor 2 oder darüber (Seite 64) auszuwechseln

Oben und rechts: Aufschießen eines Seils. Wichtig ist, daß vor dem Aufschießen eventuelle Drehspannungen im Seil entfernt werden. Beginnen Sie in der Seilmitte und legen Sie eine Schlinge nach der anderen über die Hand. Wenn Sie noch ungefähr 1,5 Meter Seil übrig haben, winden Sie den Überstand um die Schlingen (oben rechts). Zum Abschluß führen Sie eine Schlinge durch den Hauptstrang und stecken die Seilenden durch. Das Seil kann entweder in einem Rucksack oder auf die im rechten Foto gezeigte Weise getragen werden.

(und möglicherweise das Klettern zugunsten des Billardspiels aufzugeben).

Beschädigungen entdecken

Steinschlag kann Seile einkerben oder einschneiden. Überprüfen Sie Ihr Seil von Zeit zu Zeit, indem Sie es durch die Hand gleiten lassen und aufmerksam die volle Länge untersuchen. Auf schmutzigen Felsen arbeitet sich der Sand bei starker Seilbeanspruchung eventuell durch den Seilmantel und beschädigt den Kern. Man sollte auch nicht unbedingt auf das Seil treten, das tut ihm nämlich ebenfalls nicht gut. Schmutzige oder sandige Seile wäscht man am besten mit einem milden Reinigungsmittel im klaren Wasser aus und hängt sie locker in einem gut durchlüfteten, natürlich warmen Raum zum Trocknen auf, aber auf keinen Fall direkter Sonnenbestrahlung aussetzen. Ultraviolette Strahlen fügen einem Nylonseil beträchtlichen Schaden zu; auch Fensterglas bietet davor keinen Schutz. Kaufen Sie aus diesem Grund keine Seile, die im Schaufenster eines Ladens ausgestellt waren.

Jeder Seilmantel scheuert sich im Laufe des Gebrauchs ab. Auf hartem Fels wie Granit oder Sandstein geht das schneller als auf weichem Fels, etwa Kalkstein. Es gibt kein verbindliches Gesetz, wann ein Seil nicht mehr gebrauchsfähig ist. Als Faustregel gilt, daß ein Seil, das regelmäßig am Wochenende zum Klettern benutzt wurde, aber ansonsten keine auffallenden Beschädigungen aufweist, nach ungefähr zwei Jahren ausgewechselt werden sollte. Weniger häufig gebrauchte Seile halten entsprechend länger, vorausgesetzt, sie werden regelmäßig genau untersucht und sorgfältig aufbewahrt, das heißt in einem dunklen, trockenen, gut durchlüfteten

Raum, weit weg von Säuren und Benzin, die den Seilmantel beschädigen oder verschmutzen. Eine Garage ist der denkbar ungeeignetste Ort für die Aufbewahrung eines Seils.

Krangeln und Aufschießen

Die meisten Kernmantelseile krangeln; die einen mehr, die anderen weniger. Sorgfältiges Aufschießen oder Entrollen (siehe Seite 55) schützt ein Seil vor Drehspannungen – und solche Verdrehungen können einen in Wut versetzen. Wenn Ihr Seil krangelt, versuchen Sie, es über Grasboden zu ziehen oder lassen Sie es über einen Felssturz baumeln, damit die Verdrehungen und Verwicklungen sich lösen.

Bandschlingen

Die zum Klettern benötigten Nylonschlingen gibt es als Flach- oder Schlauchbandmaterial in einer Stärke zwischen 10 und 25 Millimeter. Flache Bandschlingen sind in zwei Ausführungen erhältlich, standard und super. Schlauchförmige Schlingen sind im allgemeinen weicher, griffiger und handlicher. Knoten halten mit diesem Material jedoch schlechter, und es tendiert eher zu Beschädigungen durch Abrieb und Schnitte als steiferes, härteres und festeres Flachbandmaterial. Die meisten Geschäfte verkaufen sowohl Bänder vom laufenden Meter, so daß Sie Ihre eigenen Bandschlingen herstellen können (Seite 43), als auch eine Auswahl an vorgefertigten, zusammengenähten Band- und Expreßschlingen. Die Verbindungsstelle einer genähten Schlinge ist stärker, ordentlicher und kleiner als eine geknotete. Ist der Preis ausschlaggebend, so sind selbst hergestellte Schlingen selbstverständlich billiger und, sauber mit einem Bandschlingenknoten (Seite 62) geknotet, absolut ausreichend. Man kann auch aus Kletterseilen Bandschlingen machen, diese sind im 5-, 7-, 9- und 10-Millimeter Durchmesser ebenfalls vom Meter erhältlich. Bandschlingen und Seilschlingen sollten Sie mit derselben Sorgfalt und Aufmerksamkeit behandeln und regelmäßig überprüfen wie Ihre Kletterseile.

Anseilgurte

Früher banden sich die Kletterer das Kletterseil einfach um den Bauch. Zum Glück gehören diese Zeiten der Vergangenheit an. Heute benutzen fast alle Freikletterer Sitzgurte. Davon gibt es verschiedene Ausführungen in

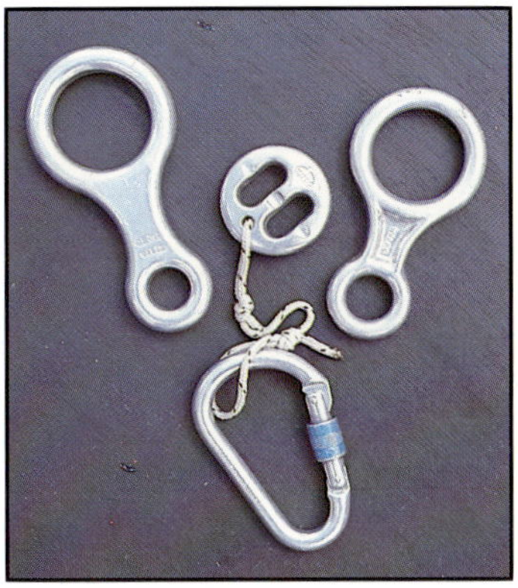

Links: Ein Sortiment Nylonschlingen, wie sie Kletterer benutzen. Behandeln Sie die Bandschlingen mit Sorgfalt.

Oben: Eine Seilbremse und ein birnenförmiger Karabiner sowie zwei Abseilgeräte.

Unten: Ein Satz Grundausrüstung zum Sichern beim Felsklettern.

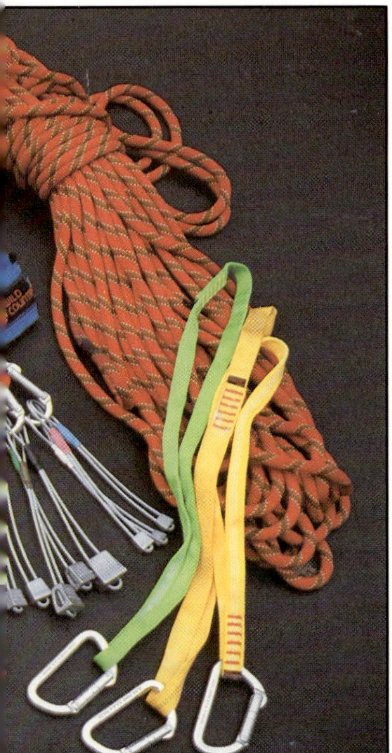

den farbenprächtigsten Aufmachungen. Die Vorliebe für einen bestimmten Gurt basiert, mehr als bei jedem anderen Ausrüstungsgegenstand, meist auf einem Vorurteil. Ein Sitzgurt bietet gegenüber dem direkt um den Bauch geschlungenen Seil viele Vorteile: Die Verbindung von Seil und Körper ist sehr viel bequemer; bei einem Sturz wird der auftretende Fangstoß nicht ganz so unangenehm empfunden – und weniger schmerzhaft in der Hüfte, weil die kräftige Muskulatur des Gesäßes und der Oberschenkel den Hauptstoß abfängt (verglichen mit dem Ruck eines direkt um die Taille gebundenen Seils). Darüber hinaus verfügt ein Gurt über gut erreichbare Materialschlaufen, an denen man Klemmkeile und anderes Zubehör einhängen kann (Seite 47).

Die meisten Gurte bestehen aus breitem, genähtem Bandmaterial. Alle sind in der Hüfte verstellbar, und Sie sollten unbedingt auf die richtige Einstellung achten (Seite 51); einige haben verstellbare Beinschlaufen, was unter Umständen sehr von Vorteil sein kann, denn in warmer Winterkleidung haben Ihre Beine einen stärkeren Umfang als Ihre nackten Beine beim Klettern in der Sommersonne.

Ein Gurt sollte bequem sitzen; Sie tragen ihn stundenlang ununterbrochen und etliche Kilo Seil und Gerät hängen daran. Es empfiehlt sich, Gurte im Laden anzuprobieren und sich erst dann für einen zu entscheiden. Prüfen Sie sorgfältig, ob er die richtige Größe hat. Anseilgurte ohne verstellbare Beinschlaufen müssen besonders kritisch unter die Lupe genommen werden. Mit einem neuen Gurt sollte man sich zu Hause vertraut machen, daß kann peinliche Minuten am Fuß eines Felsens ersparen. Zwar sind alle reichlich unkompliziert in der Handhabung, aber wenn Sie sich genügend Mühe geben, gelingt es Ihnen mit einiger Anstrengung bestimmt, die Gurte verkehrt anzulegen!

In Europa sind Hüftsitzgurte oder kombinierte Sitz- und Brustgurte sehr beliebt, in Großbritannien, den Vereinigten Staaten und Australien sieht man sie dagegen nur selten. Der große Vorteil dieser Anseilgurte besteht darin, daß der bei einem Sturz auftretende Fangstoß vor allem auf die Oberschenkel einwirkt, der gestürzte Kletterer immer in einer aufrechten Position bleibt und die Wahrscheinlichkeit einer Kollision des Kopfes mit dem Felsen wesentlich geringer ist. Trotz dieser unbestreitbaren Vorteile haben sich fast alle britischen und amerikanischen Kletterer mit ihrem Hinterteil einmütig für den Sitzgurt entschieden und meiden den sichereren Hüftsitzgurt zugunsten der größeren Freiheit und Bequemlichkeit des Sitzgurtes.

Seilbremse

Man kann einen Sturz mit Körper und Händen sichern und abfangen. So wird es normalerweise gemacht. Mit den heute verfügbaren, in jeder Hinsicht akzeptablen Sicherungshilfen (siehe Seite 52) ist es allerdings leichter und sicherer – für den Sichernden und den Gesicherten. Dabei handelt es sich um erfreulich simple Geräte – nämlich eine kleine Metallscheibe mit einem Schlitz (für ein Einfachseil) oder zwei Schlitzen (für zwei Halbseile). Korrekt angewendet mit einem großen birnenförmigen gesicherten Schnapp- oder Schraubkarabiner (siehe unten und Seite 52) und einem Kletterseil sind Sie praktisch narrensicher.

Eine kurze Reepschnur (ungefähr 10 Zentimeter) hält die Seilbremse und den Karabiner bei Gebrauch auf Funktionsdistanz. Die Schnur sorgt auch dafür, daß man das Gerät nicht so leicht verliert oder fallen läßt. Eine Seilbremse kann auch als Abseilhilfe eingesetzt werden (siehe Seite 74). Wenn Sie sich allerdings tausende von Metern abseilen wollen, werden Sie wahrscheinlich ein Abseilgerät bevorzugen (siehe Seite 73).

Abseilgeräte

Diese Geräte benutzt man zum Abseilen (siehe Seite 73). Das gebräuchlichste und bekannteste Abseilgerät ist der »Abseilachter«.

Karabiner

Man unterscheidet zwei Hauptkategorien: Karabiner mit Schraub- oder Schnappsicherung und Normalkarabiner. Normalkarabiner haben gebogene Schnapper, die anderen werden entweder von einer Schraub- oder Schnappsicherung gesichert. Moderne Karabiner mit Schnapperöffnungen sind aus einer Aluminiumlegierung gefertigt und haben D-Form. Ein Karabiner in D-Form ist stärker als jede andere Form, weil das Gewicht dem Verschluß gegenüberliegt, und der Verschluß ist bei jedem Karabiner stets der schwächste Punkt.

Für die meisten Aufgaben benutzen Freikletterer Karabiner mit gebogenen Schnappern. Karabiner mit Verschlußsicherungen sind am Platz,

D-förmiger Karabiner

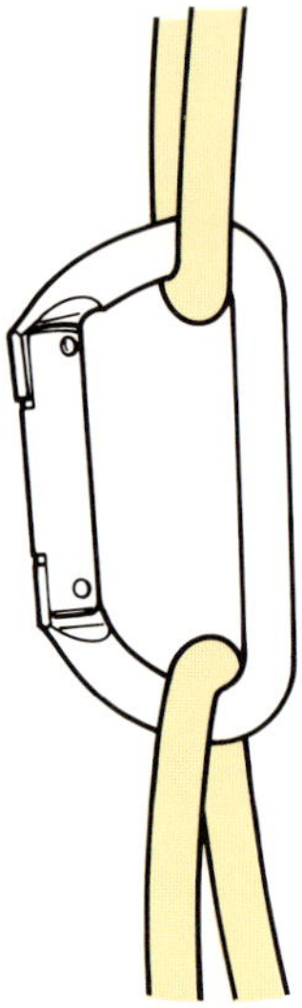

Ein typischer Karabiner in D-Form.

Karabiner mit gebogenem Schnapper

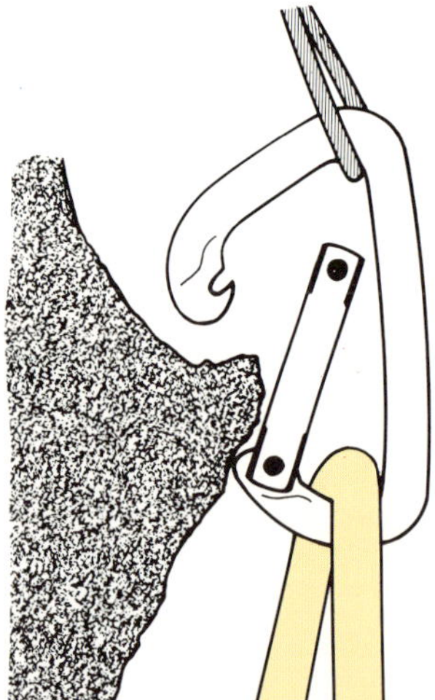

Hier sieht man, wie sich der Schnapper an einem Felsvorsprung öffnen kann.

wenn die Möglichkeit besteht, daß sich der Schnapper öffnen kann und sich daraus gefährliche Situationen ergeben können. Folglich benutzt man Karabiner mit Verschlußsicherung hauptsächlich zum Sichern und Abseilen. Ein großer D-förmiger Karabiner mit Verschlußsicherung erfüllt diesen Zweck zufriedenstellend, aber ein großer birnenförmiger Karabiner ist noch besser, weil er zwei 9-Millimeter-Seilen mehr Platz zum reibungslosen Nebeneinanderlaufen läßt.

Ein großer birnenförmiger Karabiner eignet sich auch am besten für Mastwurf- und Halbmastwurfknoten (siehe Seite 62), weil er genügend Raum zum reibungslosen Arbeiten bietet. Zuweilen kann das sehr nützlich sein. Für welchen Karabinertyp und für welche Form Sie sich entscheiden, achten Sie darauf, daß er die UIAA-Norm erfüllt und eine angegebene Mindestbruchkraft von 2500 Kilogramm hat.

Karabiner mit gebogenen Schnappern sind in der Handhabung schneller als Verschlußkarabiner. Sie werden eingesetzt, wenn ein plötzliches Aufspringen des Verschlusses unwahrscheinlich oder unmöglich ist, das heißt, wenn man das Kletterseil zum Beispiel in Zwischensicherungen eingehängt hat (siehe Kapitel 4). Der Seilerste trägt bis zu 30 Karabiner mit sich. Deshalb empfiehlt es sich, auf das Gewicht der einzelnen Karabiner zu achten. Die meisten Schnappkarabiner werden auf 2200 Kilogramm Mindestbruchkraft geschätzt. Allerdings werden seit kurzem leichtere Modelle, die auf eine Mindestbruchkraft zwischen 1800 und 2000 Kilogramm geschätzt werden, zunehmend beliebter. Diese Superleichtgewichte wiegen gerade eben 40 Gramm, sind aber nicht so sicher wie ihre nur wenig schwereren, auf 2200 Kilogramm Mindestbruchkraft geschätzten Kollegen – und sie tragen nicht das Gütesiegel der UIAA. Bei sehr harten Stürzen können sie versagen, und Sie sollten sich schon sehr sorgfältig überlegen, ob es sich lohnt, die paar Gramm Gewicht zu sparen. Solange Sie nicht extrem klettern (siehe Seite 112), ist diese Gewichtseinsparung gar nicht notwendig. Die angegebene Mindestbruchkraft von 1800 bis 2000 Kilogramm hält unter idealen Bedingungen wahrscheinlich einer sehr viel größeren Belastung stand, aber die genannten Werte werden bei geschlossenem Verschluß erreicht. Alle Karabiner sind bei geöffnetem Verschluß sehr viel schwächer. In besonderem Maße trifft dies auf die leichtgewichtigen Modelle zu. Gelegentlich kommt es vor, daß ein Karabiner mit geöffnetem Verschluß der Belastung durch einen Sturz ausgesetzt ist, wenn er etwa gegen einen Felsvorsprung oder eine Rißverschneidung gepreßt wird.

In einem solchen Fall ist der Sicherheitsspielraum leichtgewichtiger Karabiner stark eingeschränkt. Bis Sie aufgrund Ihrer Erfahrung diesen Spielraum recht exakt taxieren können, scheint es mir am vernünftigsten, sich an die UIAA-geprüften Karabiner zu halten, die mehr Sicherheit garantieren.

Karabinerpflege

Im Gegensatz zu einer weitverbreiteten Meinung schadet es Karabinern nicht, wenn sie aus kurzer Distanz herunterfallen – allerdings schadet jeder erfolglose Versuch, einen verlorengegangenen Karabiner wiederzufinden, Ihrem Geldbeutel ganz beträchtlich. Salz und Meeresgischt läßt die Aluminiumlegierung schnell korrodieren. Inspizieren Sie deshalb ein paar Tage nach einer Klettertour am Meer Ihre Geräte, dann werden Sie die durch die Salzeinwirkung entstandenen Korrosionsschäden bald entdecken. Regelmäßiges Ausspülen in frischem Wasser erledigt das Problem. Falls ein Ausrüstungsgegenstand oder gar Sie selbst ins Meer fallen, müssen Sie Ihre gesamte Ausrüstung in klarem Wasser ausspülen. Widerspenstige Schnappverschlüsse werden mit einem Tropfen Öl auf Silikonbasis schnell wieder funktionsfähig.

Helme

Unbestreitbar machen Helme das Klettern sicherer. Ein Helm schützt den Kopf in zweifacher Hinsicht: Einmal gegen Steinschlag von oben, der eventuell durch Tiere oder Klettergefährten ausgelöst werden kann; zum anderen aber auch bei Stürzen und einem dabei möglichen Anprallen an die Felswand oder bei einem Aufschlag auf dem Boden. Die meisten Kletterer, die ich kenne, tragen, im Unterschied zum Winterklettern oder Klettern im Gebirge, nur bei akuter Steinschlaggefahr einen Helm. Es ist aber keine schlechte Idee, einen Helm zu tragen. An einem heißen Tag ist ein Helm etwas unangenehm, weil es zu einem Hitzestau kommen kann. Um ganz ehrlich zu sein, die meisten von uns ignorieren wider besseres Wissen die Helme völlig.

Aber gerade Anfängern leisten Helme gute Dienste, denn der Sturz von

Freiklettern im Gebirge in Nordwales. Auf solchen Touren tragen die Kletterer meist zusätzliche Kleidungsstücke und ihre gesamte Ausrüstung bei sich.

einem einfachen, leicht geneigten Felsen mit großen und kleinen Platten hat auf der langen Reise nach unten eventuell schlimmere Schädelverletzungen zur Folge, als ein kurzer Plumps von irgendeinem überhängenden Schreckensfelsen einer E 8 (siehe Seite 112). Die Helme sind zum Teil sehr leicht (und gar nicht so unbequem). Sie müssen sich ja nicht unbedingt für den schwersten entscheiden. Vielleicht schließen Sie zum Vorteil Ihres Kopfes einen Kompromiß. Übrigens unterliegen auch Helme den Prüfkriterien der UIAA (basierend auf dem Mindestenergieaufnahmevermögen). Sie tun also gut daran, beim Kauf ein geprüftes Modell zu wählen. Das Material der meisten Helme ist eine Mischung aus Fiberglas und Harz, einige sind aus Plastik und ein paar wenige aus Karbonfiber.

Sicherheitsausrüstung

Informationen über die Vielzahl der Ausrüstungsgegenstände zur Sicherheit des Kletterers finden Sie ab Seite 38.

Rucksack

Ein Rucksack ist nützlich, aber nicht unbedingt unentbehrlich. Wenn Ihre Kletterroute weit abseits der Straße liegt, werden Sie an einem Rucksack besonders froh sein. Auf dem Foto sehen Sie einen Rucksacktyp und die Größe, die in Frage kommt. Schultern Sie Ihr Seil und Ihre weitere Kletterausrüstung, und packen Sie den Helm, ein wenig Kleidung, Proviant, Getränke und die Erste-Hilfe-Apotheke in den Rucksack.

Bekleidung

Früher gingen Freikletterer uniformiert in khakifarbenen, grauen oder grünen Wollstoffen auf Tour. Besuchen Sie heute an einem Samstag einen bei Kletterern beliebten Felsen, haben Sie den Eindruck, als befänden Sie sich auf einer Modenschau. Selbst die alte Garde, ein paar Dickschädel ausgenommen, hat den Tweedstoffen Lebewohl gesagt. Alle unter dreißig Jahren und 80 Kilogramm Gewicht erinnern in ihren Stretch-Lycra-Kreationen an einen radschlagenden Pfau. Sie können alles anziehen, was für das jeweilige Wetter warm genug ist – denken Sie daran, daß Sie auf Ihrem Weg durch Rißverschneidungen einen schweren Kampf vor sich haben können, dann eine halbe Stunde auskühlen, während Sie auf Ihren Gefährten warten und noch eine weitere halbe Stunde Tiefkühlung in Kauf nehmen müssen, weil er auf der nächsten Seillänge als Erster klettert. Auf der anderen Seite ist nichts unangenehmer als Überhitzung. Einen Pullover können Sie immer ausziehen und um die Hüfte binden oder an Ihrem Gurt befestigen. Sie können auch mit Ihrem Gefährten vereinbaren, daß der Erste leicht angezogen klettert, und der Zweite die Pullover mitbringt.

Es ist also alles möglich, angefangen von Shorts und nacktem Oberkörper an wirklich heißen Tagen, bis zu Faserpelzpullover, Goretex-Anorak und Überhosen an einem kühlen Tag. Die Hauptsache ist, daß man Arme und Beine ohne Einengung frei bewegen kann, alles andere ist nicht so wichtig. Ein leichter Wind macht die Luft an einem warmen Tag kühl und einen kühlen Tag kalt. Einfache, leichte, preiswerte, windundurchlässige Baumwollkleidung ist an allen Tagen angenehm. Ein Ersatzpullover, Handschuhe und eine Wollmütze sind im Gebirge oder auf jedem sehr abgelegenen Felsen keine schlechte Sache.

Erste-Hilfe-Apotheke

Eine Taschenapotheke sollte man immer mitnehmen. Vielleicht nehmen Sie eine eigentlich für Proviant gedachte Plastikdose dafür. Folgendes sollte unbedingt enthalten sein:
eine Rolle Leukoplast;
Mullbinden;
Pflaster;
zwei Dreiecktücher;
zwei große Wundverbände;
Schmerztabletten;
Insektenschutzmittel
(besonders, wenn Sie in einer für ihre Mückenplage bekannten Gegend klettern);
Messer (für viele Zwecke);
Bleistift und Papier
(um im Falle eines Unfalls eine Nachricht zu schreiben);
Sonnenschutzmittel.

Karten und Kompaß

Klettert man auf in der Nähe von Straßen liegenden Felsen, sind diese Dinge überflüssig. Aber wenn Sie abgelegene Klettergebiete aufsuchen, sind sie ein nützliches Zubehör. Die Erteilung von Navigationsunterricht würde den Rahmen dieses Buches sprengen, darüber wurden ganze Bücher geschrieben.

Kapitel 3

Klettersicherungshilfen

Die Vielzahl an heute erhältlichen Ausrüstungsgegenständen, die dem Kletterer mehr Sicherheit bieten als den frühen Pionieren, ist verwirrend. Als die Leute anfingen, aus Sport und Spaß auf Felsen zu klettern, konnten sie kaum auf Sicherungsgeräte zurückgreifen. Zur Sicherung dienten ausschließlich Seile, und selbst die, weil aus Naturfasern wie Hanf und Sisal gefertigt, wiesen eine sehr unterschiedliche Zerreißspannung auf und waren nicht sehr zuverlässig. Die ersten Kletterer beschränkten sich darauf, sich bei der Begehung eines Felsens an die ganz offensichtlichen charakteristischen Merkmale zu halten, etwa leichte Rinnen oder Grats. Diese Routen verloren nach und nach an Reiz, der Kitzel raffinierter Passagen lockte. Es wurden Techniken und Methoden entwickelt; dazu gehörte das Losbinden vom Seil, danach das Durchfädeln des Seils um Klemmblöcke (Steine, die in einem Riß verklemmt sind) und anschließendes Festmachen des Seils. Später benutzten die Kletterer kürzere Seile, führten sie um den Klemmblock herum und verknüpften das Ende mit einem durch eine Schlinge geführten Seil.

Diese Praxis war zur Zeit der Jahrhundertwende und bis in die 20er Jahre hinein gang und gäbe. An den heutigen Maßstäben gemessen, waren diese Klettertouren relativ leicht, aber es gab auch herausragende Leistungen, die noch heute Respekt abverlangen. Schwierigkeiten bei Überhängen überwand man häufig, indem man den Gefährten einfach auf die Schultern stieg. In Europa wurden vielfach Haken eingesetzt, aber britische Kletterer betrachteten diese Kletterhilfen mit Mißbilligung. Das ging so weit, daß Geoffrey Winthrop Young, ein Pionier mit vielen Erstbesteigungen und zu seiner Zeit ein sehr angesehener Bergsteiger, einmal abfällig bemerkt hat: »Ein Mann, der in den britischen Felsen Haken benutzt, schießt auch mit Kanonen auf Spatzen.« Hätten die Kletterpioniere den Gebrauch von Haken akzeptiert, dann hätte der britische Kletterstil mit Sicherheit eine andere Entwicklung genommen.

Kurz vor dem Zweiten Weltkrieg kamen Karabiner und Nylonseile auf den Markt. Diese Ausrüstung trug viel zur Anhebung des Kletterstandards bei, obwohl man sagen muß, daß die Weiterentwicklung hauptsächlich den damaligen Bergsteigerpersönlichkeiten zu verdanken ist. Betrachtet man zum Beispiel die Geschichte des Felsklettersports in Großbritannien, stellt man fest, daß nach dem Zweiten Weltkrieg eine bemerkenswerte Veränderung vorging. Bis zu dieser Zeit war das Freiklettern und das Bergsteigen überhaupt ein Privileg der Aristokraten gewesen – ein »Gentleman-Sport«. Nach dem Krieg änderten sich die Dinge dramatisch. Woran das genau lag, ist schwer zu sagen; vielleicht suchten die Menschen eine Flucht aus der vom Krieg zerstörten Welt. Was immer auch die Gründe dafür gewesen sein mögen, Klettern wurde jedenfalls ein Sport für jedermann. Joe Brown und die Männer des Rock and Ice Climbing Clubs verkörpern diesen Wandel. Sie brachten frischen Wind in die Kletterszene und noch wichtiger, sie verfügten über große Geschicklichkeit im Fels und entwickelten Ideen für Sicherheitstechnik und -geräte.

Alles begann damit, daß sie kleine runde Kiesel auf ihre Touren mitnahmen – von nun an rumorte es unter den Wollmützen in ihren kleinen grauen Zellen. Die Kiesel wurden in den Riß geschoben, eine Schlinge herumgefädelt und deren Enden mit einem Karabiner verbunden. Haken wurden eingesetzt, wenn auch sehr sparsam und nur nach sorgfältiger Überlegung. Plötzlich war mit Geschick und sehr viel Mut alles möglich. Die Klemmblocktechnik wurde weiter ausgereift. Sie hatten die Idee, maschinell vorgefertigte Maschinenmuttern zu nehmen, feilten das innere Gewinde heraus und fädelten sie anschließend auf eine Schlinge, die dauerhaft verknotet wurde. Dieses Gerät konnte direkt in Risse eingesetzt werden, und die mühselige und zeitraubende Prozedur des Auffädelns vor Ort entfiel. Selbstverständlich ging die Entwicklung stetig weiter. Die Kletterer begannen, spezielle Klemmgeräte zum Klettern herzustellen. Anfangs hatten sie die hexagonalen Maschinenmuttern zum Vorbild, aber bald tauchten keilförmige Klemmgeräte auf. Der in Großbritannien entwickelte MOAC ist wahrscheinlich der bekannteste dieses Typs. Mitte der 60er Jahre auf den

Der Seilerste muß zur Vorbeugung gegen einen harten Sturz mit vielleicht tödlichen Folgen die Zwischensicherungen umsichtig plazieren.

Markt gekommen, wird er auch heute noch vielfach benutzt.

Von nun an war der Fortschritt nicht mehr aufzuhalten. Man fädelte kleine Klemmgeräte auf Drahtschlingen, weil diese stärker waren als Reepschnüre, und alle denkbaren Formen und Größen entstanden. In den Vereinigten Staaten gelang Yvon Chouinard mit seinem **Hexcentric-Klemmkeil** ein bedeutender Durchbruch. Dabei handelt es sich um einen sechseckigen Klemmkeil, der zur Sicherung paralleler Risse benutzt wird. Anzumerken bleibt noch, daß in den 60er Jahren die traditionellen tauartigen Seile durch stärkere und in der Handhabung einfachere Kernmantelseile ersetzt wurden, die allerdings anfänglich nur zögernd akzeptiert wurden.

Dem Erfindungsreichtum waren keine Grenzen gesetzt. Es gab Plastik- und Gummiklemmgeräte in den sonderbarsten und phantastischsten Formen, die niemals populär wurden, obwohl alle den Anspruch erhoben, die Kletterwelt im Sturm zu nehmen. Auch heute noch erscheinen ständig Erfindungen auf dem Markt, die genauso schnell verschwinden, wie sie gekommen sind. Eine geradezu bahnbrechende Entwicklung war der »Friend« des amerikanischen Kletterers Ray Jardine. Dieses Gerät hat die Sicherungstechnik revolutioniert und erlaubte einem gewandten Kletterer die Begehung halsbrecherischer und ungesicherter Routen, die ansonsten nur mit viel Erfahrung und genügend Nervenstärke, um auch mit der Möglichkeit eines tödlichen Sturzes fertigzuwerden, geklettert werden konnten. Das soll nun nicht heißen, daß es mittlerweile keine extrem schwierigen Routen mehr gibt, im Gegenteil, sie sind nicht selten. Der Friend kann in den ungewöhnlichsten Rissen und Spalten plaziert werden, und wenn Sie einmal gelernt haben, ihm zu vertrauen und ihn richtig einzusetzen, ist er unentbehrlich. Es gibt viele ähnliche Geräte, etwa »Buddys« und »Amigos«, aber keines hat die Leistung des Friend übertroffen. Alle anderen scheinen vielmehr prädestiniert, wieder in der Versenkung zu verschwinden.

Zusammenfassend kann man sagen, daß die riesige Vielfalt an Ausrüstungsgegenständen zur Zeit reichlich verwirrend ist. Praktisch erfüllen alle bis zu einem gewissen Grad ihren Zweck, aber wie bei allen Dingen, die einen sind besser als die anderen. Die richtige Wahl der Ausrüstung ist beim erstenmal nicht ganz einfach, deshalb wollen wir uns in diesem Kapitel mit dem Für und Wider der gebräuchlichsten Geräte beschäftigen, so daß Sie nach dem Lesen leichter die Spreu vom Weizen trennen können.

Oben: Eine Auswahl keilförmiger und sechseckiger Klemmgeräte mit Seilschlingen.

Rechts: Dieser Seilerste trägt Klemmkeile der verschiedensten Formen und Größen mit sich. Jerry Peel auf der »Dangler«-Route, Schwierigkeitsgrad E 3 5 c, in Borrowdale im englischen Lake District.

Klemmgeräte oder Klemmkeile

Darunter fallen zwei große Kategorien: keilförmige und sechseckige. Alle Sicherungsgeräte gibt es in Größen von 0 an aufwärts, manche auch in halben Zwischengrößen. Die meisten Kletterer benutzen den Handelsnamen und die Größenbezeichnung, wenn sie über das jeweils für eine bestimmte Route passende Klemmgerät sprechen. So kann man in der Unterhaltung einer Gruppe von Kletterern hören, daß eine schwierige Stelle von einem »hervorragenden Rock 7« gesichert wird (einem guten, großen Drahtkabelklemmkeil, gut plaziert – ermöglicht eine sichere Begehung) oder »einem randständigen R.P.2« (sehr kleines Klemmgerät, so plaziert, daß es eventuell bei einem Sturz nicht hält). Manche erwähnen nur »Große« und »Kleine«, aber die meisten jungen Kletterer bevorzugen heute eine präzisere Ausdrucksweise. Als Faustregel gilt, daß es sicherer ist, kleinere Klemmkeile mit vorgefertigten Draht-

kabelschlingen zu kaufen. Die Drahtkabelschlinge ist besonders stark, und die Verbindungen sind oft stärker als das Drahtkabel selbst. Eigentlich sollte man den Herstellern nahelegen, lose Klemmkeile mit einem Schnurdurchmesser von weniger als 6 Millimeter nicht mehr länger zu verkaufen. Falls Sie lose Klemmkeile kaufen, sollten Sie zumindest 8-Millimeter-Reepschnüre durchziehen können. Das ergibt eine minimale Zerreißspannung von ungefähr 2000 Kilogramm.

Keilförmige Klemmgeräte

Der traditionelle MOAC mit seinen glatten Seiten hat sich lange gehalten, wurde aber inzwischen durch moderne Nachfolger ersetzt. Dennoch ist der MOAC noch immer ein nützliches Gerät. Die bei weitem am meisten benutzten Klemmkeile haben eine gekrümmte Oberfläche. Die wichtigsten: der »Rock« von Wild Country und der »Stopper« von Chouinard. Beide haben je eine konvexe und konkave Oberfläche. Beim Chouinard-Stopper sind auch die Seiten gekrümmt, eine konvex, eine konkav. Diese Klemmkeilform wurde nach sehr sorgfältigen Überlegungen entwickelt und ist bei weitem vielseitiger einsetzbar als eine gradlinige Form. Man kann sie in fast parallelen Rissen sicher plazieren. Aber die aufgrund der Form erzielte Klemmwirkung des Klemmkeils erlaubt nicht nur einen universellen Einsatz in Rissen, sondern auch in den bei Kalkstein häufig anzutreffenden »Taschen«. In der Praxis bewährten sich die »Rocks« besser als die »Stopper« von Chouinard, weil sie nach Gebrauch leichter zu entfernen sind.

Der australische Kletterer Roland Pauligk hat die »R.P.s« entwickelt, von ihrer Form her ebenfalls gut einsetzbare Klemmkeile. Dabei handelt es sich um ziemlich schmale, verlängerte Keile mit geraden Seiten. Sie eignen sich besonders für die Plazierung in seichten oder nach außen offenen Rissen. Die kleinste Größe, 0, ist ausgesprochen winzig, die Zerreißspannung des Drahtkabels liegt bei ungefähr 360 Kilogramm. Aber ehe das Drahtkabel reißt, wird wahrscheinlich der Keil aus dem Riß brechen. Das ist besonders bei weicheren Felsen wie Kalkstein und Sandstein ein Problem. Bei der größten Größe, 5, ist diese Wahrscheinlichkeit sehr viel geringer. Der »R.P.« ist ein Messingklemmkeil, der durch enges Aneinanderlöten mit dem Drahtkabel verbunden ist, so daß keine sichtbare Verbindungsstelle besteht. Damit man die verschiedenen Größen der

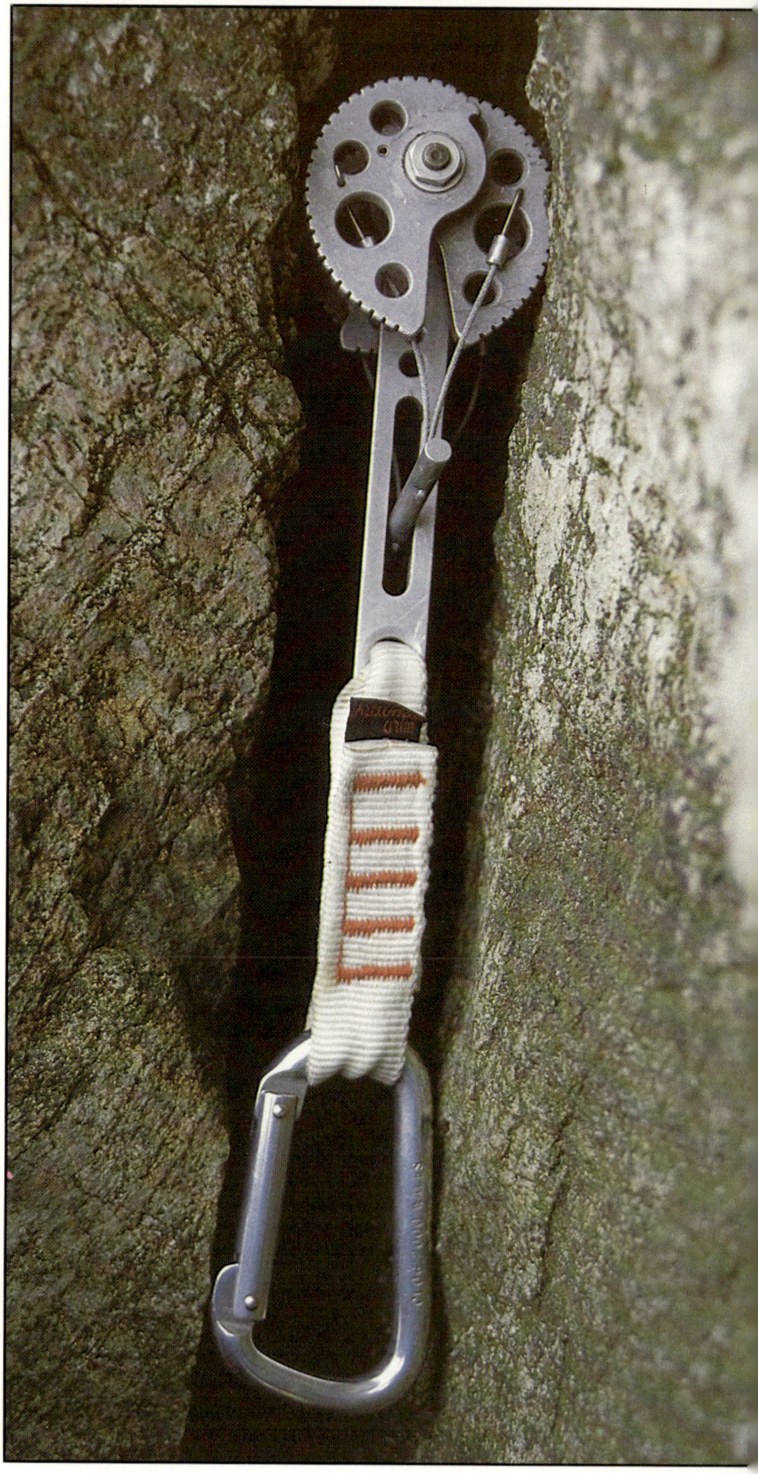

Sechseckiges Klemmgerät

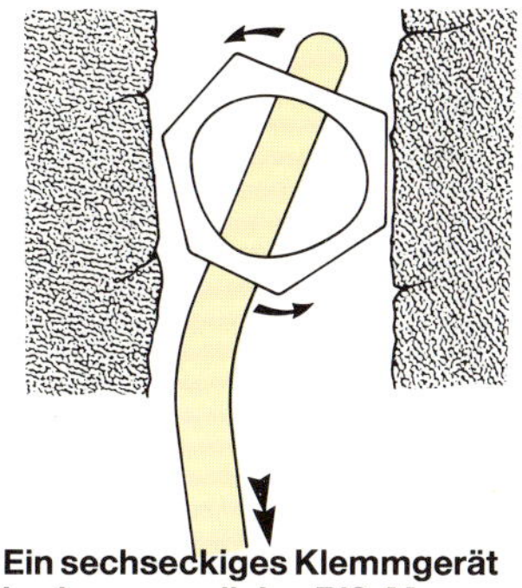

Ein sechseckiges Klemmgerät in einem parallelen Riß. Man sieht deutlich die Klemmfunktion des Gerätes.

Ein gut plazierter Friend. Die Entwicklung dieses Klemmgerätes leitete eine entscheidende Weiterentwicklung des Freikletterstandards ein.

»R. P. s« leichter erkennen kann, unterscheiden sie sich in der Farbe.

Eine relativ neue Entwicklung der »Klemmkeilfamilie« ist der »Wallnut«, Hersteller DMM International. »Wallnuts« sind sehr vielseitig und in der Leistung höchst zufriedenstellend.

Sechseckige Klemmgeräte

Die allerersten, speziell für Kletterer gefertigten Klemmgeräte wurden dem Vorbild gefräster Maschinenmuttern nachempfunden. Aufgrund ihrer sechseckigen Form ließen sie sich ideal in konisch zulaufenden Rissen plazieren. In der Praxis stellte sich allerdings bald heraus, daß diese Form der keilförmigen nicht überlegen war. Daraufhin machte sich Chouinard an die Weiterentwicklung der sechseckigen Klemmgeräte und stellte fest, daß eine optimale Klemmwirkung für eine Plazierung in parallelen Rissen erreicht wird, wenn er den fünf Seiten eine unterschiedliche Größe gab. Damit war ein weiterer wichtiger Durchbruch in der Sicherungstechnik gelungen.

Hexcentric-Klemmgeräte bekommt man in den Größen 1 bis 12. Die Größe 12 ist enorm sperrig und erweist sich beim Tragen als äußerst unhandliches Utensil. Ein Klemmgerät dieser Größe sollte nur mitgenommen werden, wenn es für eine bestimmte Begehung unbedingt notwendig ist. Die kleineren Größen wiederum sind nicht so hilfreich wie die größeren, es sei denn, man hat es mit kleinen Spalten oder engen horizontalen Rissen zu tun. Aus Urheberschutzgründen sind keine anderen Hexcentric-Klemmgeräte erhältlich. Zwar brachte Clog vor einigen Jahren ein ähnliches Gerät mit dem Namen »Clog Cog« auf den Markt, aber aus mehreren Gründen wurde es bei den Kletterern nie richtig populär.

Friends

Die Entwicklung der Friends war zweifellos in den letzten Jahren der bedeutendste technische Beitrag zur Hebung des Kletterstandards. Ihre Vielseitigkeit, das mühelose Plazieren und die Möglichkeit, sie als Sicherungsgerät in Situationen einzusetzen, wo andere Klemmkeile versagen, haben sie nicht nur für Spitzenkletterer, sondern für Kletterer aller Leistungsstufen unentbehrlich gemacht. Der amerikanische Kletterer Ray Jardine entwickelte diese Geräte Anfang der 70er Jahre, industriell produziert werden sie seit 1977. Das Design hat sich seit damals nicht verändert, aber im Laufe der Jahre sind sie kleiner, leichter und stärker geworden.

Ein Friend besteht aus vier unabhängig voneinander arbeitenden Nokkenscheiben, die alle nach dem Prinzip der gleichwinkligen Kurve oder logarithmischen Spirale arbeiten. Das bedeutet, daß die Nockenscheiben unabhängig von ihrer Plazierung stets im gleichen Winkel und jeweils zwei Nockenscheiben auf jeder Seite des Schafts mit der Felsoberfläche in Berührung kommen. Unter Belastung frißt sich der Friend tiefer in den Fels. Da jede Nockenscheibe unabhängig arbeitet, greift der Friend auch in unregelmäßig geformten Rissen. Aufgrund dieses Prinzips kann er in nach außen konisch offenen Rissen plaziert werden (siehe Abbildung) und ist auch Rissen mit Erweiterungswinkeln bis zu 30 Grad gewachsen.

Friends gibt es in den Größen 1 bis 4, einschließlich Zwischengrößen. Inzwischen bekommt man Technical Friends von 0 bis 1½, einschließlich Zwischengrößen. Diese Neuentwicklungen sind sehr viel kompakter als die herkömmlichen Friends und haben statt einem starren einen flexiblen Drahtschaft. Alle haben als Verbindungsstück eine farblich gekennzeichnete genähte Schlinge, die gegen eine Schlinge Ihrer Wahl auswechselbar ist. Diese Möglichkeit wird allerdings kaum genutzt, aber wenn Sie, aus welchen Gründen auch immer, sich dazu entschließen, können Sie eine neue Schlinge nach dem Muster der alten durchziehen.

Friends sind sehr komplexe Geräte und nicht vollkommen problemlos. Normalerweise liegen die Probleme an der unkorrekten Anwendung durch den Kletterer. Die folgenden Punkte sollten Sie sich für die Plazierung der Friends unbedingt merken:

1. Plazieren Sie einen Friend nicht zu tief in einem Riß, sonst ist er nur sehr schwer zu entfernen, weil der Betätigungshebel kaum noch erreichbar ist.

2. Greifen eine oder mehrere der Scheiben nicht im Fels, plazieren Sie den Friend neu.

3. Achten Sie darauf, daß die Scheiben nicht kippen; in einem solchen Fall büßt der Friend seine ganze Sicherungskraft ein.

4. Vermeiden Sie Plazierungen in zu weiten, offenen Rissen. Friends, die so plaziert sind, daß die Ränder der Scheiben gerade eben die Felswände berühren, können sich nicht mehr ausdehnen und verlieren die Sicherungskraft. Entfernen Sie den Friend, und versuchen Sie es mit dem nächstgrößeren.

5. »Klemmen« Sie die Scheiben nicht. Pressen Sie nie einen Friend in einen zu engen Riß, sonst ist er kaum noch zu entfernen. Nehmen Sie die nächstkleinere Größe.

6. Seine optimale Leistung bringt ein Friend, wenn der Betätigungshebel des Federmechanismus am Schaft im mittleren Drittel der totalen Rißbreite ist.

7. Schließen Sie vor der Plazierung die Scheiben vollständig. Öffnen Sie sie erst innerhalb des Risses. Zwängen Sie niemals einen Friend in einen Riß in der Hoffnung, daß er schon greifen wird.

8. Versichern Sie sich, daß der Friend gut plaziert ist, damit er sich möglichst nicht bewegt.

Vor allen Dingen müssen Friends richtig und sicher plaziert werden. Sie greifen selbst in schlechten Fixpunkten überraschend gut. Machen Sie sich in »sicheren« Situationen mit diesem Gerät vertraut. Hängen Sie schwere Lasten an einen Friend und beobachten Sie seine Funktionsweise. Seien Sie vorsichtig bei einer horizontalen Plazierung, insbesondere wenn der Schaft weit herausragt und ein Sturz eine starke Hebelwirkung auf den Schaft auslösen würde. Bei einer horizontalen Plazierung kann man das Problem der Hebelwirkung überwinden, indem man eine 4-Millimeter-Reepschnur als Schlinge in die Öffnung zwischen Scheiben und Schaft einführt. Selbstverständlich muß das

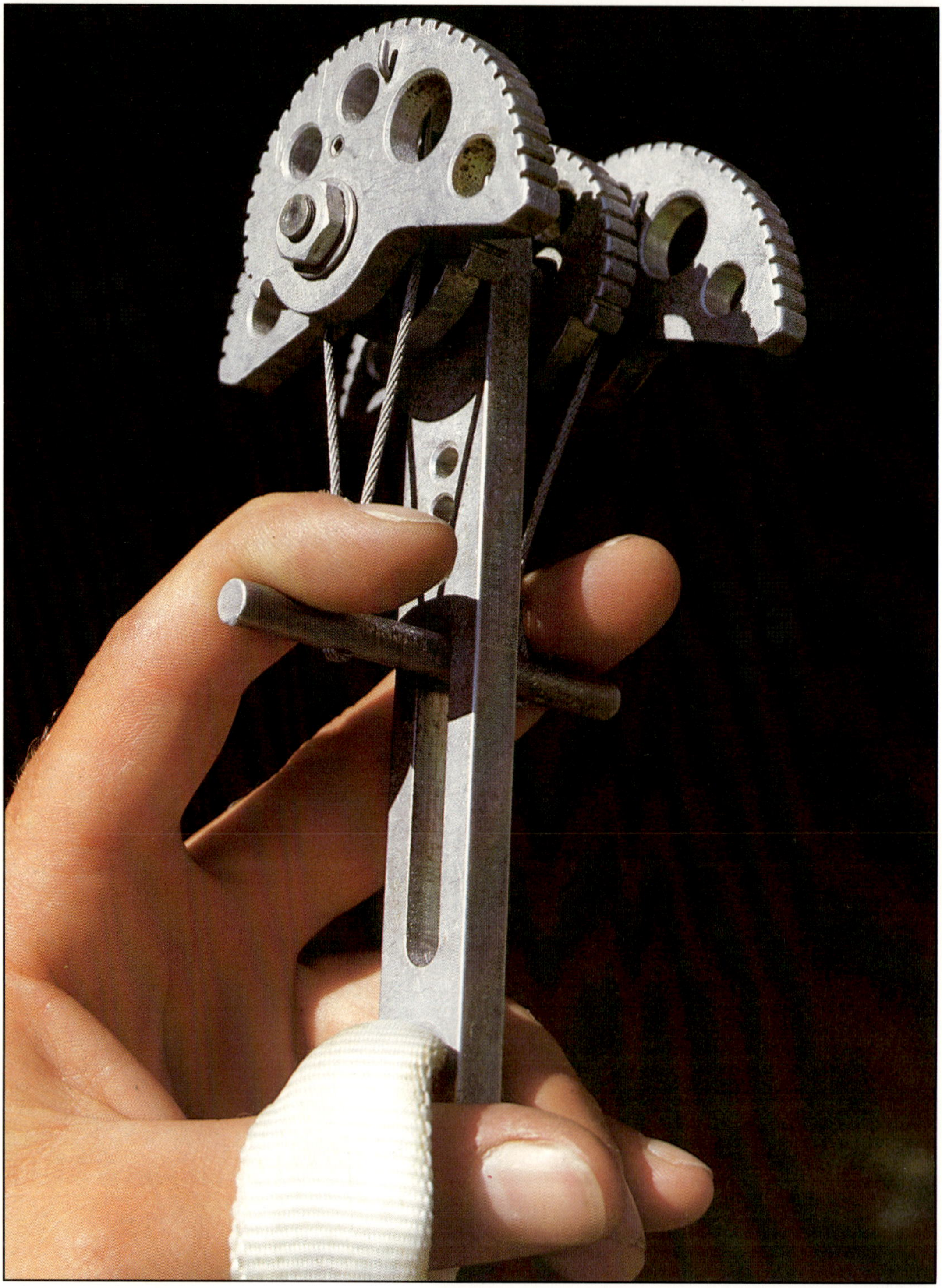

Ein Friend

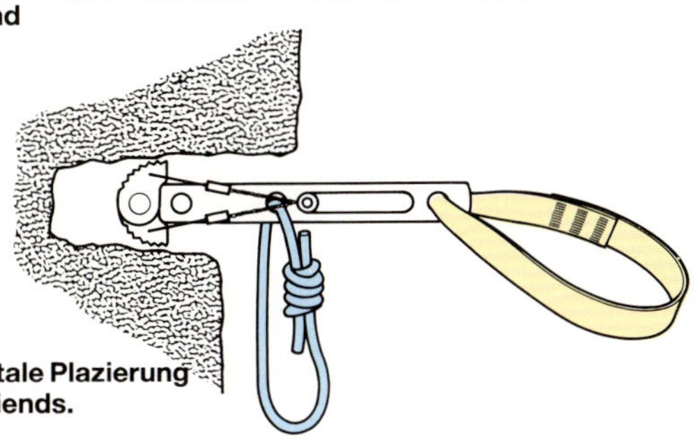

Horizontale Plazierung eines Friends.

vor Gebrauch gemacht werden. Zuweilen kann eine zweite Schlinge ein Hindernis darstellen, weil sie die Funktion des Friends behindern kann. Überlegen Sie deshalb sorgfältig, ob dies wirklich unbedingt nötig ist, und warten Sie damit, bis Sie mit dem Klettern und der Ausrüstung vertrauter sind.

Das Entfernen eines Friends ist manchmal schwierig und eigentlich das größte Problem dieses Geräts. Häufig ist daran eine schlechte Plazierung schuld, aber es gibt auch Situationen, in denen das unvermeidlich ist. Manchmal ist es fast unmöglich, einen Friend mit einer Hand zu entfernen, während man mit der anderen Hand am Fels hängt. Benutzen Sie in einem solchen Fall das Seil, damit Sie beide Hände frei haben. Es kann sogar ein spezieller Klemmkeilentferner notwendig werden. Allerdings ist dies ein weiteres Gerät, das man mit sich tragen muß, und im allgemeinen benötigt man es nicht. Wild Country stellt den an einem Ende mit zwei Haken versehenen »Nut Key« her, der speziell zum Entfernen von Friends gedacht ist. Ein Nut Key ist nicht unbedingt ein Kernstück der Ausrüstung, aber wenn Sie sich zur Anschaffung eines Klemmkeilentferners entschließen, empfiehlt es sich, auch einen Nut Key zu kaufen.

Ein Friend hat sehr viele bewegliche Teile, und es ist wichtig, daß diese funktionsfähig und gut geölt sind. Dazu eignet sich am besten ein Schmiermittel auf Silikonbasis. Gewöhnliche Öle machen die Handhabung des Friends schwieriger. Überprüfen Sie, ob sämtliche Ölrückstände beseitigt sind. Gelegentlich funktioniert ein Friend nicht mehr einwandfrei. Reparieren Sie dieses Gerät auf keinen Fall selbst. Wild Country hat einen hervorragenden Reparaturservice zu vernünftigen Preisen.

Bedienen eines Friends. Achten Sie darauf, daß die Segmente vor der Plazierung im Riß völlig geschlossen sind.

Weitere technische Geräte

Die bisher aufgeführten Ausrüstungsgegenstände werden weltweit am häufigsten benutzt, deshalb fiel ihre Beschreibung ein wenig detaillierter aus. Es gibt jedoch noch sehr viel mehr Sicherungshilfen, von denen einige durchaus ihre Berechtigung haben.

HB Offset Nuts

Das sind schmale keilförmige Messingklemmgeräte mit einer diagonalen asymmetrischen Spitze, geeignet für den Einsatz in seichten, abgerundeten Rissen und Taschen.

Tricams

Tricams verdienen es, beachtet zu werden, obgleich sie in größeren Größen unhandlich und schwer sind. Sie arbeiten besonders gut in tiefen Taschen, aber mit einer Hand kann ihre Plazierung recht kompliziert sein. Sie können sich lockern und herausfallen.

Roller Nuts

Dabei handelt es sich um verstellbare Klemmkeile. Sie sind teuer und schwer zu plazieren.

»Buddys«, »Amigos« und »Bivos«

Diese Geräte haben viel Ähnlichkeit mit dem Friend, mißt man aber der Verbreitung in der Praxis irgendeinen Wert bei, sind sie sehr viel weniger effektiv.

Schlingen

An sich sind Schlingen nicht unbedingt technisch, aber sie sind unentbehrlich. Man legt sie um Felsnadeln, windet sie um Bäume und fädelt sie um Klemmblöcke herum. Sie sind in den unterschiedlichsten Längen erhältlich. Heute benutzen die meisten Kletterer Bandschlingen, wenn auch manche noch Seilschlingen bevorzugen. Bandmaterial ist jedoch vielseitiger, weil es leichter zu handhaben ist und universeller eingesetzt werden kann als Seilschlingen. Man kann Schlingen selbst anfertigen, wenn man das Band (oder Seil) vom laufenden Meter kauft, in der gewünschten Länge schneidet und mit einem »Bandschlingenknoten« verknüpft. Seilmaterial verknüpft man mit einem »Gesteckten Sackstich«. Vorgefertigte Schlingen mit zusammengenähten Verbindungen sind normalerweise in zwei Größen erhältlich: 1,2 Meter und 2,4 Meter. Diese Schlingen kann man praktisch nicht ruinieren, und ihre genähten Verbindungsstellen erweisen sich im Gebrauch als fester. Bandschlingenknoten lockern sich gelegentlich, deshalb müssen geknotete Schlingen regelmäßig inspiziert werden.

Bandschlingen gibt es auch als »Expreßschlingen« oder »Endlosschlingen«. Diese benutzt man als Verlängerung der reibungsfreien Seilführung und zum Schutz plazierter Drahtkabelklemmgeräte vor dem Herausfallen. DMM Equipment fertigt eine sogenannte »Schockbandschlinge« an, die zieharmonikaartig zusammengenäht ist. Die Stärke der Stiche ist so abgestimmt, daß sie bei einem Sturz

Bandschlinge

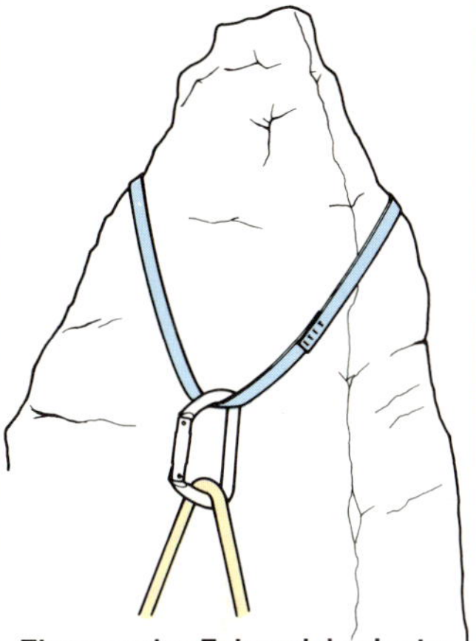

Eine um eine Felsnadel gelegte Bandschlinge. Um eine Schwächung der Schlinge zu vermeiden, dürfen Sie das Band nicht zu straff spannen.

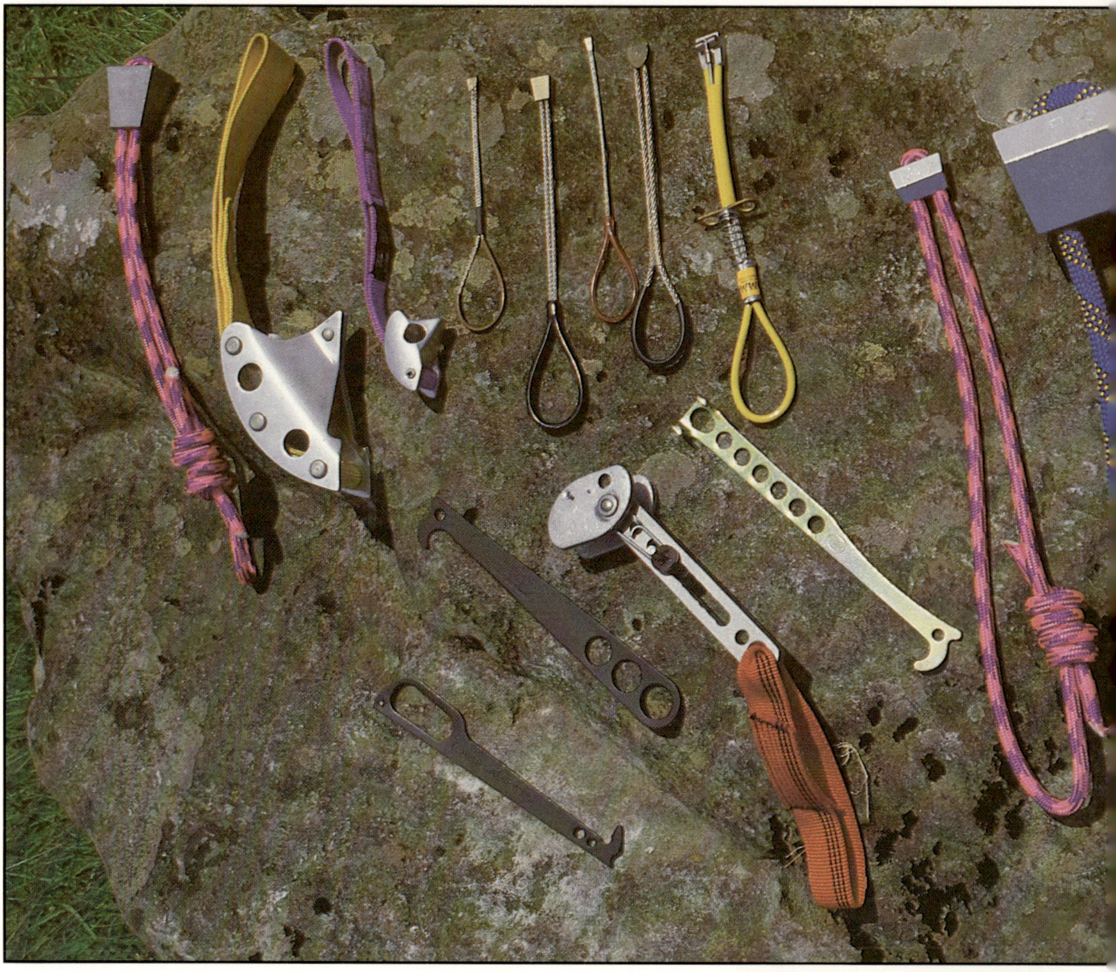

mit großer Wahrscheinlichkeit stufenweise aufbrechen. Damit verringert sich die Reibung und Spannung bei der Seilführung und gerade für Kantenplazierungen, aber auch für das Sicherungssystem insgesamt, ist das ideal.

Bandmaterial bekommt man in zwei Ausführungen: flach und schlauchförmig. Flachbandmaterial nutzt sich nicht so schnell ab, ist aber weniger flexibel wie das Schlauchbandmaterial. Auch davon gibt es viele Breiten, aber am gebräuchlichsten sind die Breiten 2,5 und 1,5 Zentimeter.

Tragen der Ausrüstung

Selbst erfahrene Kletterer kümmern sich oft viel zu wenig um das wirtschaftliche Tragen der Ausrüstung. Sehr häufig sieht man Kletterer am Fels nach einem bestimmten Zubehör fummeln, weil sie nicht wissen, wo am Anseilgurt oder an der separaten Rundschlinge sie es aufgehängt haben. Damit verschwendet man kostbare Zeit und Energie. Es lohnt sich, etwas Zeit und Nachdenken in die Vorbereitung zu investieren. Immerhin dient das schnelle Auffinden des jeweils benötigten Geräts der allgemeinen Sicherheit, und Sie werden zweifellos feststellen, daß eine wohlüberlegte Anbringung der Ausrüstung das Klettern angenehmer und schöner macht. Wie wir schon gesehen haben, gibt es leider eine riesige Auswahl an Sicherungsgeräten, und es ist nicht leicht, das passende Zubehör auszusuchen. Auf Seite 48 finden Sie zwei Vorschläge für die Grundausrüstung eines Anfängers – eine für die Sparsamen und eine für die Großzügigen.

Oben: Ein Sortiment Sicherungsausrüstung. Von links nach rechts. Obere Reihe: Ein MOAC, zwei Tricams, ein HB Offset, zwei RPs, ein kleiner Klemmkeil von Wild Country und ein Roller-Nut. Untere Reihe: Zwei Klemmkeilentferner, ein Edelrid-Bivo, Nut Key speziell zum Entfernen von Friends mit zwei Haken versehen und zwei sechseckige Klemmgeräte.

Links: Eine in einem Riß plazierte Schlinge, deren Enden in einen Karabiner eingehängt sind. Geben Sie acht, daß der Riß keine scharfen Kanten hat.

Rechts: Eine separate Rundschlinge zum Tragen der Ausrüstung. An dieser Rundschlinge ist nicht die gesamte Ausrüstung eingehängt, manches ist an der Materialschlaufe des Gurts befestigt.

WILD COUNTRY

Links: Hier ist die Ausrüstung an den Materialschlaufen des Gurtes eingehängt. Wie man die Ausrüstung transportiert, ist hauptsächlich eine Frage des persönlichen Geschmacks. Probieren Sie die verschiedenen Systeme aus.

Oben: Ein perfekt plazierter »Rock« 9, einer der gebräuchlichsten Klemmkeile.

Haben Sie die Ausrüstung gekauft, müssen Sie entscheiden, auf welche Weise Sie die Geräte tragen wollen. Dafür gibt es zwei Möglichkeiten: An einer separaten Rundschlinge über der Brust oder an den Materialschlaufen des Anseilgurtes.

Der größte Vorteil der separaten Rundschlinge besteht darin, daß die Ausrüstung an einem Punkt zusammengefaßt ist, und bei einem Wechsel in der Führung können die Seilpartner einfach die Rundschlinge tauschen. Der größte Nachteil dieser Transportmethode ist die recht einseitige Belastung. Auch kann es beim Klettern auf Platten oder leicht geneigten Felsen schon einmal vorkommen, daß die Rundschlinge nach vorn schwingt und Ihnen die Sicht auf Ihre Füße nimmt.

Die Materialschlaufen an den Anseilgurten sind inzwischen brauchbar. Manche Hersteller bieten eine Anbringung der Materialschlaufen nach eigener Wahl. Auch diese Möglichkeit zum Tragen der Ausrüstung beinhaltet einige Nachteile. Erstens, wenn Sie eine Menge schwerer Ausrüstungsgegenstände mit sich nehmen, kann es passieren, daß der Hüftgurt nach unten zieht. Ein langer Tag im Gurt kann somit ziemlich unangenehm werden. Zweitens, wenn Sie große Klemmkeile mit langen Seilschlingen bei sich haben, können diese um Ihre Knie baumeln und Quetschungen verursachen!

Wenn möglich, sollten Sie mit beiden Systemen experimentieren. Für welches auch immer Sie sich entscheiden, das Aufhängen der Ausrüstung sollte in einer gewissen Ordnung erfolgen. Die beiden Fotos illustrieren die beiden erwähnten Möglichkeiten. Beachten Sie besonders, daß: **1.** Klemmkeile, Friends und ähnliches nach Größe sortiert sind, und zwar die kleinsten zuerst; **2.** alle Karabiner mit dem Verschluß nach einer Seite aufgehängt, nach Größe und Form sortiert sind; **3.** Expreßschlingen und zusätzliche Karabiner leicht greifbar sind; **4.** Ausrüstung, die man als Seilerster nicht benötigt, nicht den Zugriff auf die weitere Ausrüstung behindert; **5.** Schlingen alle auf die gleiche Weise getragen werden, nämlich wie eine separate Materialschlinge. Lange Schlingen schlingt man mehrmals um die Brust und befestigt die Enden. So kann der Kletterer lange Schlingen abnehmen, ohne sie über den Kopf heben und ohne beide Hände vom Fels nehmen zu müssen. Drahtschlingenklemmgeräte trägt man an einem Karabiner. Das ist zum Beispiel vorteilhaft, wenn Sie sich bei einem Riß für eine bestimmte Klemmkeilgröße entschieden haben, dann aber feststellen, daß es die falsche Größe war. Sind alle Klemmgeräte an einem Karabiner eingehängt, haben Sie sofort ähnliche Größen zur Hand und müssen nicht erst lange danach suchen. Dieses System hat allerdings auch einen großen Nachteil, den Sie spätestens dann entdecken werden, wenn Ihnen einmal der Karabiner mit einigen Klemmkeilen heruntergefallen ist.

Plazieren der Sicherungshilfen

Zu Beginn fällt es Ihnen bestimmt nicht leicht, für einen bestimmten Riß das jeweils passende Sicherungsgerät zu wählen. Es empfiehlt sich, sich mit der Ausrüstung zuerst in einer kontrollierten Situation vertrautzumachen. Mit am schwierigsten ist es, die richtigen Plazierungen zu »sehen«. Einige, etwa sich deutlich verjüngende Risse, sind eindeutig erkennbar. Sie sollten immer versuchen, den größtmöglichen Klemmkeil in den Riß einzuführen, um die maximale Klemmwirkung zu erzielen. Das Foto zeigt einen hervorragend plazierten Rock 9. Beachten Sie genau die Form des Risses. Weniger gut geeignete Risse ergeben immer noch sichere Plazierungsmöglichkeiten, aber Sie müssen ein wenig Druck auf den Klemmkeil ausüben, um sicherzugehen, daß er fest im Riß sitzt. Häufig werden Sie auf Situationen stoßen, wo Sie sich mit einer Hand einhängen müssen und mit der anderen die Sicherung plazieren. Versuchen Sie, dies in einer so bequemen Position wie möglich zu machen und das meiste Gewicht auf Ihre Füße zu verlagern. Ermüdet Ihr Arm, nehmen Sie eine andere Position ein, um sich ein wenig auszuruhen.

Drahtschlingenklemmkeile

Haben Sie einen Drahtschlingenklemmkeil in einem Riß plaziert, hängen Sie den Karabiner mit den verbliebenen Sicherungsgeräten aus und bringen Sie eine Verlängerung an. An Steilwänden kann man durchaus einen Karabiner einhängen, wenn die Plazierung sicher ist, aber ausnahmslos müssen die Drahtkabel entweder mit zwei Karabinern oder einer Expreßschlinge verlängert werden. Führen Sie niemals eine Bandschlinge direkt durch das Drahtkabel, denn bei einem geringen Durchmesser des Drahtkabels wirkt dieses im Falle eines Sturzes wie ein Messer auf das Band ein. Verlängern Sie immer entweder mit zwei Karabinern oder nach dem System Karabiner/Schlinge/Karabiner. Drahtschlingenklemmkeile müssen stets verlängert werden, denn wenn das Seil direkt hindurchläuft, übt es eine starke Hebelwirkung auf den Klemmkeil aus. Das liegt an der Steifigkeit der Drahtschlinge. Bei einer Verlängerung erzielen Sie einen Gelenkeffekt, der die Möglichkeit eines Ausbrechens des Klemmkeils verringert. Bei Seilschlingenklemmkeilen trifft man dieses Problem seltener an, denn die Seilschlinge ist flexibel genug, um die auf den Klemmkeil ausgeübte Hebelwirkung zu verringern.

In den folgenden Situationen müssen Sie mit Zwischensicherungen verlängern.

1. Wenn der Kletterer beim Weitergehen einen Felsvorsprung oder Überhang überwinden muß. Hängt man das Kletterseil direkt in die Schlinge des Klemmkeils, bringt das einen enormen Zug auf das Seil.

2. Die Plazierung des Drahtschlingenklemmkeils ist nur ein wenig abseits der Route möglich, und bei direktem Einhängen würde das Seil über eine scharfe Kante laufen. Abgesehen vom Scheuereffekt würde auch ein starker Zug auf das Seil ausgeübt, besonders bei der Benutzung eines Einfachseils.

Seilschlingenklemmkeile

Beim Kauf loser Klemmkeile benötigen Sie Seil- oder Bandschlingen, an denen Sie den Klemmkeil befestigen können. Die Festsetzung der Schlingenlänge ist nicht unproblematisch, denn wenn sie zu lang ist, behindert sie beim Tragen, und ist sie zu kurz, muß sie häufig verlängert werden. Je mehr Klemmkeilschlingen Sie aber verlängern müssen, um so mehr Expreßschlingen müssen Sie mitnehmen. Auch die Stärke des Schlingenmaterials verdient Beachtung. Es ist nicht ratsam, die dickste Reepschnur zu kaufen und durchzuzwängen. Das würde die Schnur nur schwächen. Die Reepschnur sollte einen Durchmesser haben, der sich leicht und mit sehr wenig Reibung in die Öffnung des Klemmkeils einführen läßt. Am besten merken Sie sich, daß eine Reepschnur mit weniger als 8 Millimeter Durchmesser eine sehr viel niedrigere Festigkeit aufweist als größere Durchmesser. Aus diesem Grund sind Sie gut beraten, die Anzahl kleiner Seilschlingenklemmkeile zugunsten solcher mit Drahtschlingen zu limitieren. Als grobe Regel gilt, daß 1,25 Meter Reepschnur eine angemessen lange Schlinge ergeben, wenn die Enden mit einem Gesteckten Sackstich verknüpft werden. Knüpfen Sie den Knoten möglichst vor Gebrauch und prüfen Sie ihn ständig. Versichern Sie sich, daß mindestens vier Zentimeter Seil aus dem Knoten überstehen. Es ist zu überlegen, Bandschlingen statt Reepschnur zu verwenden, aber erinnern Sie sich daran, daß Bandschlingen eher zum Lockern neigen. An großen Hexcentrics kann man Knoten im Klemmkeil knüpfen.

Oben: Verlängerung mit Drahtkabelklemmkeilen verringert die Hebelwirkung, die Reibung und den Seilzug.

Rechts: Der Seilzweite nähert sich einer Hakensicherung. Zur Verlängerung dient ein Schraubkarabiner, eine Schlinge, dann ein Normalkarabiner mit Schnapper. Route: »Girdle Traverse« am Dinas Gromlech in Nordwales.

Eine preisgünstige Ausrüstung

2 × lange genähte Schlingen (2,4 m × 25 mm)
2 × Schraubkarabiner für o. g.
2 × kurze genähte Schlingen (1,2 m × 25 mm)
2 × Karabiner mit Schnappsicherung für o. g.

1 × Rock 3 mit Drahtschlinge
1 × Rock 5 mit Drahtschlinge
1 × Rock 6 mit Drahtschlinge
1 × Rock 7 mit Drahtschlinge
1 × Rock 9 mit Drahtschlinge
1 × Hexcentric 6 mit Seilschlinge
1 × Hexcentric 9 mit Seilschlinge
4 Expreßschlingen
12 × Schnapperkarabiner

Eine etwas teurere Auswahl!

Wie oben, aber zusätzlich:
1 × Friend 2
1 × Friend 3
1 × Rock 1, 2, 4 und 8
2 × Expreßschlingen
1 × R. P. 3, 4 und 5
10 × leichte Karabiner

Kapitel 4

Seilarbeit

Seile dienen der allgemeinen Sicherheit beim Klettern. Die Arbeit mit dem Seil ist wahrscheinlich das schwierigste Kapitel beim Freiklettern, aber legen Sie das Buch nicht gleich zur Seite, wenn Sie nicht alles sofort auf Anhieb verstehen. Hunderte von Kletterer mit jahrelanger Erfahrung beherrschen die Seilarbeit noch immer nicht perfekt, und einige von ihnen haben einen guten Ruf. Es ist wichtig, daß Sie ein System entwikkeln. Für den Anfang genügt ein sehr einfaches System, aber es sollte sich erweitern und Ihren Fortschritten anpassen lassen. Die Seilarbeit erlaubt viele Systeme. Ohne Zweifel werden Sie beim Klettern und mit zunehmendem Können alle möglichen Seilsysteme begutachten können. Aber vereinfachen Sie auf keinen Fall ein System auf Kosten der Sicherheit. Der erste Teil dieses Kapitels beschreibt eines der einfachsten Systeme, das man sich vorstellen kann. Aber es genügt den Anforderungen vollkommen, vor allen Dingen, weil es auch die Aspekte Vielseitigkeit und Anpassungsfähigkeit berücksichtigt. Üben Sie die einzelnen Schritte der Seilarbeit, ehe Sie »alles zu einem Ganzen zusammenfassen«. Später gehen wir näher auf die problematischen Situationen ein, mit denen Sie im Laufe Ihrer Fortschritte konfrontiert werden.

Knoten

Es gibt eine Fülle verschiedener Knoten für die Sicherungstechnik. Zum Glück kann man mit ein paar wenigen auskommen. Das Knüpfen der Knoten sollte gründlich und sorgfältig geübt werden, bevor Sie sich auf die Felsen wagen. Als Faustregel gilt, daß Sie alle notwendigen Knoten mit geschlossenen Augen knüpfen können. Wenn Sie auch nur den leisesten Zweifel an der korrekten Knüpfung eines Knotens haben, lösen Sie ihn und beginnen Sie von vorn. Erinnern Sie sich stets daran, daß nur Übung den Meister macht.

Achterknoten

Dabei handelt es sich vielleicht um den nützlichsten Knoten, den ein Kletterer lernen kann. Der Achterknoten kann häufig verwendet und auf unterschiedliche Weise geknüpft werden. Das Endergebnis ist immer dasselbe; variieren können die Verbindungen. Als erstes legt man eine ungefähr 50 Zentimeter lange Doppelschlaufe (bei einem 9-Millimeter-Seil etwas kürzer). Bei dieser Länge ist gewährleistet, daß hinter dem geknüpften Knoten ausreichend Seilende vorsteht. Um sicherzugehen, daß sich der Knoten während des Gebrauchs nicht löst, beendet man den Knoten immer mit einem **Sicherungsknoten.** Diesen Knoten trainieren Sie, bis Sie ihn im Schlaf beherrschen, denn Sie sollten jeden Knoten mit einem Sicherungsknoten abschließen.

Der große Vorteil des Achterknotens ist seine Sicherheit, jedenfalls solange Sie nicht vergessen, beim Knüpfen einen Seil-Überstand zu lassen. Wenn Sie weniger Schlaufenumdrehungen machen, erhalten Sie den noch immer relativ sicheren **Spierenstich,** der aber, etwa beim Anhängen einer schweren Last, schwer zu lösen ist. Bei mehr Umdrehungen ist das Resultat ein Sechzehner oder gar ein Zweiunddreißigerknoten!

Zur Einbindung des Seils am Anseilgurt muß der Achterknoten bei einem Einfachseil ungefähr 75 Zentimeter vom Seilende angebracht werden. Fädeln Sie das Ende durch die **Einbindeschlaufen** am Anseilgurt gemäß den Empfehlungen des Herstellers, dann ziehen Sie das Ende durch den Knoten zurück und führen es dabei durch sämtliche Schlaufen. Vergessen Sie den Sicherungsknoten nicht, der ist immer wichtig.

Für den Anfang kommen Sie mit diesen beiden Knoten aus.

Nun sollte die Einbindeschlinge erwähnt werden, denn im Laufe des Textes wird immer wieder darauf Bezug genommen.

Wenn Sie sich die Abbildungen genau betrachten, stellen Sie fest, daß der als Anseilknoten geknüpfte Achterknoten eine nicht allzu große Verbindungsschlaufe aufweist. Diese Schlaufe ist ein sehr starker Befestigungspunkt und spielt bei dem beschriebenen Sicherungssystem eine

Achterknoten

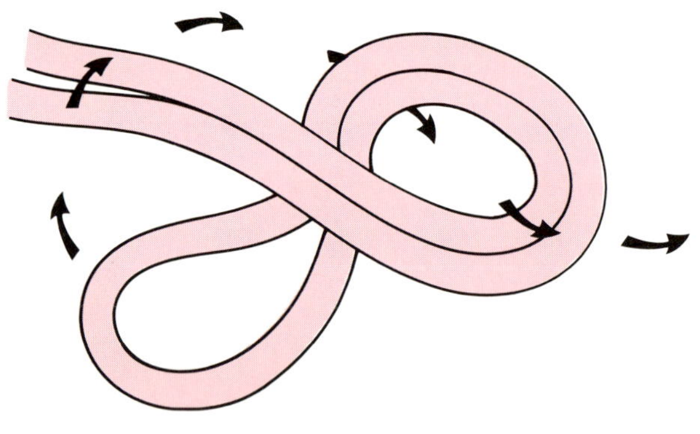

Knüpfen eines Achterknotens in einer Seilbucht.

große Rolle. Um die Identifizierung zu erleichtern, wollen wir diese Schlaufe **Einbindeschlinge** nennen.

Mastwurf

Der Mastwurf ist der zweite für das in diesem Kapitel beschriebene Sicherungssystem erforderliche Knoten. Es ist ein herrlicher Knoten, nicht zuletzt aufgrund seiner Einfachheit, aber auch, weil er so leicht verschiebbar ist. Auch diesen Knoten sollten Sie sehr oft üben, bis Sie ihn automatisch korrekt knüpfen können. Falsch geknüpft, ist er im Zusammenhang mit dem hier beschriebenen Sicherungssystem außerordentlich gefährlich.

Wie bei allen Knoten, kann man, wenn man ihn erst einmal beherrscht, seine eigene Knüpfmethode entwikkeln; solange das Endprodukt korrekt ist, spielt die Knüpfweise im Grund keine entscheidende Rolle. Der mit einem Karabiner verbundene Knoten kann durch Verschiebung der Seile leicht angepaßt werden, bis die gewünschte Länge erreicht ist. Bei normalem Gebrauch bleibt der Mastwurf verschiebbar und leicht lösbar, aber bei starker Belastung kann das problematisch werden.

Anseilen am Gurt

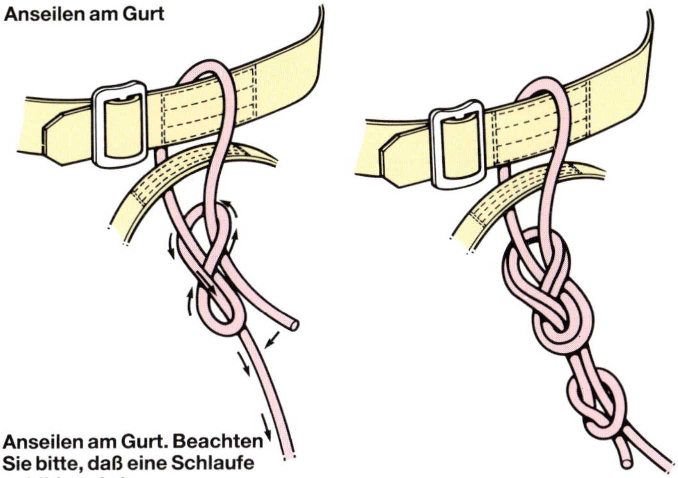

Anseilen am Gurt. Beachten Sie bitte, daß eine Schlaufe gebildet wird.

Mastwurf

Knüpfen eines Mastwurfes.

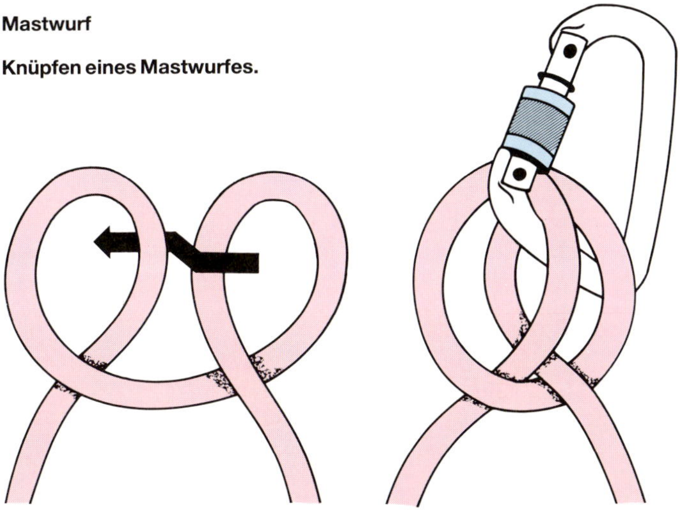

Verankerung an Fixpunkten

In Kapitel 3 haben wir uns mit den verschiedenen Klemmgeräten beschäftigt. Einige dieser Klemmgeräte erfordern viel praktische Übung, bis sie sicher plaziert und Sie davon ausgehen können, daß die Geräte Sie und Ihren Gefährten im Notfall halten. Oft findet man solide und augenfällige Fixpunkte, besonders auf den leichten Routen, die Sie anfänglich begehen werden. Beim Klettern werden Sie in Abständen immer wieder eine Selbstsicherung anbringen müssen. Diese Stellen bezeichnet man als **Standplatz** (darüber mehr im nächsten Abschnitt).

Bei der Wahl eines Fixpunktes muß zwei Dingen unbedingt Beachtung geschenkt werden. Zuerst müssen Sie ganz sicher sein, daß der Fixpunkt hält. Damit ist nicht gemeint, daß Sie nun unbedingt Ihr gesamtes Körpergewicht daranhängen sollen, sondern daß Sie im Falle eines Gefährtensturzes nicht kraftvoll nach vorn gerissen werden, ehe der Fixpunkt Sie auffängt. Ein solcher Zwischenfall könnte die Fixpunkte zusätzlich belasten und die plötzlich auftretende Stoßkraft könnte ausreichen, die Ankerpunkte herauszureißen oder, was noch wahrscheinlicher ist, Sie aus dem Gleichgewicht zu werfen. Zweitens sollte die Sturzzugrichtung im Falle eines Gefährtensturzes einkalkuliert werden. Versichern Sie sich, daß das Seil in einer geraden Linie über Sie und dann in der erwarteten Belastungsrichtung hinunter zu Ihrem Partner läuft. Ist ein Knick in diesem System, werden Sie mit Sicherheit zur Seite gerissen, die Heftigkeit hängt von der Größe des Winkels im Seilverlauf ab. In einem solchen Fall kann es passieren, daß Sie die Gefährtensicherung nicht mehr gewährleisten können. Eine Kombination beider Faktoren kann drastische Konsequenzen haben. Schenken Sie ihnen also beim Klettern besondere Aufmerksamkeit.

Sicherung an nur einem Fixpunkt

Zur Anbringung einer Selbstsicherung an nur einem Fixpunkt gibt es verschiedene Methoden. Der Einfachheit halber soll hier auf ein unkompliziertes und trotzdem sicheres System eingegangen werden, das leicht zu erlernen und zu behalten ist. Zu diesem System braucht man zwei Karabiner mit Schraubsicherung, am besten einen davon als großen Karabiner in Birnenform. Auch der andere sollte eine angemessene Größe haben, muß aber nicht unbedingt birnenförmig sein.

Nach der Plazierung des Fixpunktes hängen Sie den Karabiner in die Einbindeschlinge und den zweiten Schraubkarabiner in den Fixpunkt. Ziehen Sie das Seil durch den Karabiner am Sicherungspunkt und verschrauben Sie den Verschluß. Nun begeben Sie sich in die Position, in der die Selbstsicherung wirksam sein soll. Versuchen Sie immer, eine Sitzposition einzunehmen. So paradox es klingt, aber im Sitzen verfügen Sie über mehr Standfestigkeit und bei der Sicherung spielt das eine große Rolle. Nehmen Sie das durchhängende Kletterseil auf und knüpfen Sie einen Mastwurf; anschließend fixieren Sie das Seil im birnenförmigen Karabiner und **verschrauben den Verschluß.** Jetzt verschieben Sie den Knoten, bis das Seil vom Fixpunkt zu Ihnen straff ist. Aus Sicherheitsgründen sollten Sie zum Mastwurf einen Schraubkarabiner benutzen. Notfalls können Sie aber auch zwei Karabiner mit Schnappsicherung nehmen. In einem solchen Fall müssen Sie vorsichtshalber die Karabiner so einhängen, daß sich die Verschlüsse jeweils auf der gegenüberliegenden Seite öffnen. Dadurch wird das Aushängen des Seils bei einem eventuellen Aufschnappen verhindert.

Das ist das Grundsystem. Gelegentlich kann man die Selbstsicherung ohne Seil direkt am Fixpunkt anbringen. Besteht diese Möglichkeit, dann achten Sie darauf, daß die Länge der Schlinge, die Sie benutzen, den richtigen Abstand zu Ihrer Sicherungsposititon hat und Sie dicht am Fixpunkt sitzen oder stehen. Diese simple Methode sollten Sie bei jeder Selbstsicherung am Standplatz in Betracht ziehen.

»Maxines Wall«, eine 5:10-Route im Yosemite Valley, Kalifornien. Der Zweite ist durch einen Fixpunkt mit dem Fels verankert und sichert den Ersten bei der Plazierung von Zwischensicherungen.

Die Seilbremse

Früher band sich ein Kletterer bei der Gefährtensicherung das Seil einfach um seinen Körper. Die Vorteile der Körpersicherung liegen vor allem in der guten Seilgriffigkeit im Falle eines Sturzes und im schnellen Ausgeben und Einholen des Seils. Viele Kletterer vertrauen nach wie vor auf die Methode der **Hüftsicherung** und auf die allerdings sehr viel weniger gebräuchliche **Schultersicherung.** Der Könner beherrscht diese Methoden sicher, aber in ungeübten Händen können sie tödliche Folgen haben. Für einen Anfänger ist es vernünftiger und sicherer, auf ein spezielles Zubehör zurückzugreifen, die **Seilbremse** (siehe Kapitel 2). Die Hüftsicherung wird auf Seite 65 näher beschrieben.

Einzelner Fixpunkt

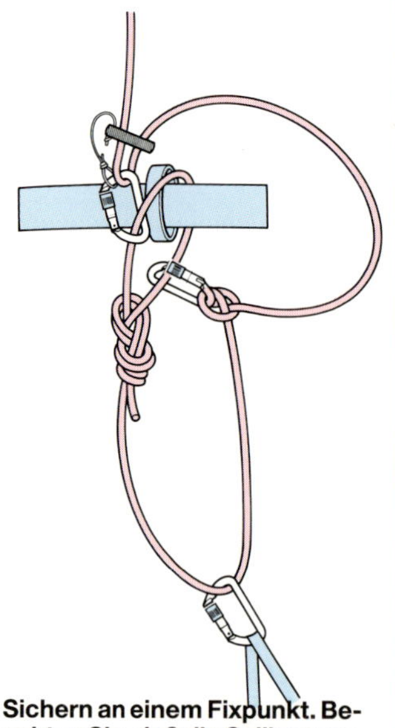

Sichern an einem Fixpunkt. Beachten Sie, daß die Seilbremse in die Einbindeschlinge gehängt wird.

Schnapperkarabiner

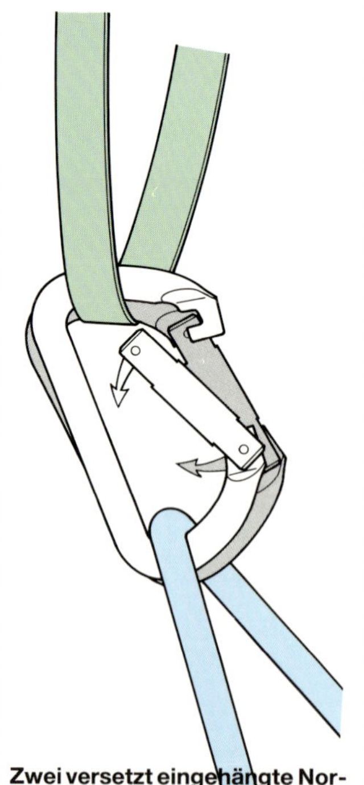

Zwei versetzt eingehängte Normalkarabiner mit Schnapper können einen Schraubkarabiner ersetzen.

Achterknoten

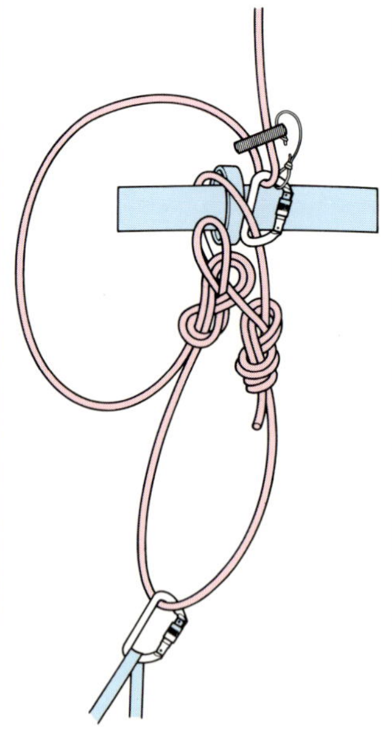

Eine alternative Möglichkeit zur Sicherung an einem Fixpunkt bietet der Achterknoten. Dieser wird mit der Einbindeschlinge verknüpft. Versichern Sie sich, daß Ihnen mindestens 30 Zentimeter Seilüberstand bleiben.

Viele Menschen halten eine Seilbremse für ein automatisch funktionierendes Gerät, aber das ist ein Irrtum. Das Halten eines belasteten Seiles wird zwar durch die Seilbremse erleichtert, aber Vorsicht ist dennoch angebracht.

Wie in Kapitel 2 erwähnt, sind viele Typen erhältlich. Im Anfängerstadium ist vermutlich eine Seilbremse ohne Federring, die sowohl für ein 9-Millimeter- als auch für ein 11-Millimeter-Seil geeignet ist, am besten, weil Sie anfangs höchstwahrscheinlich nur ein Seil benutzen werden. Mit zunehmender Erfahrung ändern sich Ihre Bedürfnisse (siehe Doppelseiltechnik auf Seite 58). Zur Vervollständigung dieser Sicherungsmethode brauchen Sie nur noch einen Schraubkarabiner und ein kurzes Stück 4-Millimeter-Reepschnur. Die Schnur verhindert, daß die Seilbremse bei Gebrauch am Seil hinabrutscht. Als Karabiner kommt jeder mit einer Schraubsicherung in Frage, aber ein birnenförmiger oder HMS-Karabiner ist für diesen Einsatz ideal. Ganz wichtig ist, daß der Karabiner keine scharfe (enge) Krümmung hat, denn sonst könnte das Seil »greifen« und die Seilhandhabung wäre unnötig erschwert.

Achten Sie beim Gebrauch der Seilbremse unbedingt darauf, daß Sie bei der Gefährtensicherung genügend Bewegungsspielraum zur **Seilbedienung** haben. Das Foto zeigt einen Kletterer, bei dem das der Fall ist. Sie brauchen Bewegungsfreiheit, damit Sie die **Bremshand** zur **Seilbremsenbedienung** einsetzen können. Die Bremshand spielt bei der Gefährtensicherung eine entscheidende Rolle. Um es ganz offen zu sagen, wenn Sie bei der Gefährtensicherung das Bremsseil loslassen, dann stürzt dieser Kletterer ab. Deshalb ist es von überragender Bedeutung, daß Sie das Seil stets fest im Griff haben, um auch einen überraschenden Sturz abfangen zu können. Solche Dinge passieren. Betrachten Sie sorgfältig die Abfolge der Fotos, die den Umgang mit der Seilbremse verdeutlichen.

Das Einholen und Ausgeben des Seils erfordert große Erfahrung. Üben Sie es in einer sicheren Situation. Der Erfolg hängt in erster Linie von Ihrer natürlichen Geschicklichkeit und Ihrer Fähigkeit, im ersten Lernstadium die Ruhe zu bewahren, ab. Gelegentlich verklemmt sich das Seil in der Seilbremse. Damit muß gerechnet werden, denn auch einem erfahrenen Kletterer passiert das von Zeit zu Zeit. Merken Sie sich, daß Sie unter keinen Umständen das Bremsseil loslassen dürfen – die Bremshand darf nur am Seil entlanggleiten, sie darf es niemals loslassen. Wenn Sie aus irgendwelchen Gründen das Seil ausrichten müssen, nehmen Sie dazu die Hand, die das Führungsseil kontrolliert. Jedem Kletterer fällt es anfangs schwer, das Seil ordentlich zu seinen Füßen aufzustapeln. Wenn Sie mit der Ausrüstung vertrauter sind, versuchen Sie, das Seil immer so ordentlich wie möglich zu legen, damit es nicht krangelt.

Fixierung der Seilbremse

Es lohnt sich, diese Technik zu lernen, denn bei einem Führungswechsel am Standplatz kann sie für die Gefährtensicherung gute Dienste leisten, aber auch jederzeit beim Klettern, wenn Sie beide Hände frei haben möchten.

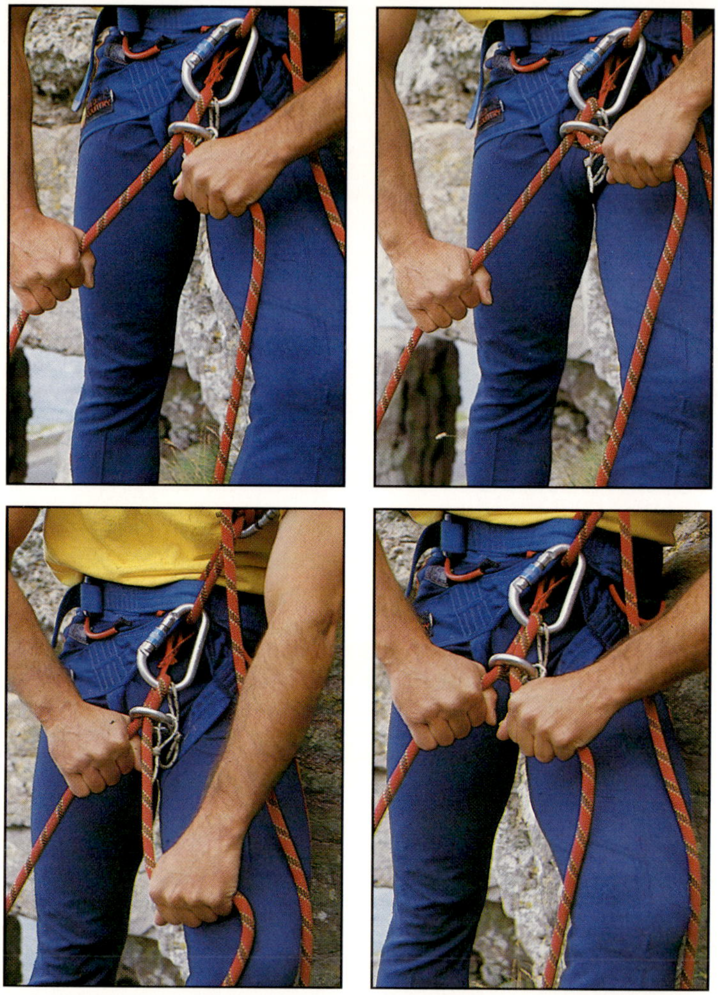

Oben links nach unten rechts: Seilbedienung in der Seilbremse. Das Führungsseil läuft durch die rechte Hand, die linke ist die »Bremshand«. Lassen Sie niemals das Bremsseil los.

Das Sicherungssystem als ganzes

Beherrschen Sie die Grundlagen der Seilarbeit, können Sie zu einer Klettertour aufbrechen. Grob untergliedert, unterscheidet man beim Freiklettern zwei Hauptkategorien: **Begehung mit einer Seillänge** und **auf mehrere Seillängen.**

Für beide Kategorien gibt es verschiedene Möglichkeiten der Durch-

führung. Beim Klettern in einer Seillänge kann entweder ein Kletterer den Felsen besteigen und dem Kletterer, der die Begehung noch vor sich hat, von oben ein Seil zuwerfen. Oder man bringt an einem Sicherungspunkt oben auf dem Fels eine Seilumlenkung an. In diesem Fall wirkt das Seil wie ein Flaschenzug, und der Kletterer kann von unten gesichert werden. Beide Methoden bezeichnet man als **Top-Rope-Klettern.** Als dritte Möglichkeit kann ein Kletterer das Seil an einem Sicherungspunkt auf dem Fels fixieren und anschließend den nächsten Kletterer mit hinaufnehmen.

Beide Kletterer starten am Fuß des Felsens, wo sie ihre Seile zu einem ordentlichen Stapel herrichten und sich anseilen. Den Kletterer, der sich zuerst an den Aufstieg macht, bezeichnet man als **Seilersten.** Er ist ganz klar in der gefährlicheren Position, weil er keine Seilsicherung von oben hat. Bis zu einem gewissen Grad kann sich der Erste durch die vernünftige Anbringung von **Zwischensicherungen** (beschrieben in Kapitel 3) selbst sichern. Der **Seilzweite** führt das Seil des Ersten durch die Seilbremse, um ihn im Falle eines Sturzes halten zu können. Das der Seilerste stürzen könnte, hört sich fürchterlich an. Im allgemeinen geht man davon aus, daß ein Führer niemals stürzen sollte. In den 30er und noch in den 60er Jahren war das ganz sicher ein kluger Vorsatz, weil es kaum wirkungsvolle Sicherungshilfen für den Seilersten gab. Heute ist das jedoch anders, und die Vielzahl der Ausrüstungsgegenstände, die dem Einsatz in den unterschiedlichsten Situationen angepaßt sind, läßt kaum Entschuldigungen für einen weiten Sturz des Seilersten zu. Allerdings darf man sich nicht der Täuschung hingeben, Freiklettern wäre heutzutage eine absolut sichere Angelegenheit. Die schlimmsten Stürze eines Seilersten resultieren aus einer nachlässigen Sicherung durch den Zweiten. Gehen Sie auf Nummer Sicher und klettern Sie nur mit einem Gefährten, der sich um Ihr Leben sorgt wie Sie sich selbst!

Bei einem Führersturz verspürt der Zweite einen **Aufwärtsruck** am Seil. Meist kann der Zweite das Seil mit Leichtigkeit halten. Wenn jedoch eine

Sichern der Seilbremse. Das kann eine ganz schön knifflige Angelegenheit sein, wenn jemand am Seil hängt. Gründliche Übung ist unerläßlich.

Top Rope

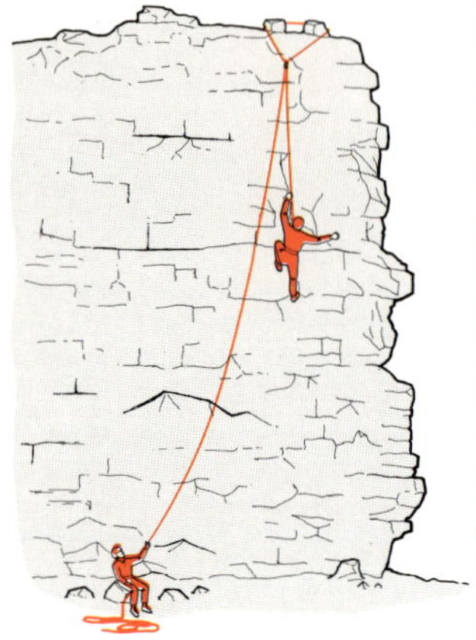

Top-Rope-Klettern vom Boden. Beachten Sie, daß das Seil am Fixpunkt durch einen Schraubkarabiner läuft.

zu große Belastung oder eine zu große Kraft wirksam wird, kann der Zweite aus dem sicheren Stand gerissen werden. Eine Zwischensicherung unter Berücksichtigung der **Belastungsrichtung** beugt dieser Möglichkeit vor. Die korrekt angebrachte Sicherung verhindert, daß der Zweite beim Sturz des Seilersten nach oben gezogen wird. Es muß darauf hingewiesen werden, daß eine solche Sicherungsmöglichkeit nicht immer besteht oder angebracht ist. Im Grunde bleibt die Entscheidung, wie wichtig dieser Faktor in jeder speziellen Situation ist, dem einzelnen überlassen.

Wie dem auch sei, zurück zum Klettern. Der Seilerste sollte bis zu einem geeigneten Vorsprung oder Rastplatz klettern. Diese Rastposition muß nicht immer eine volle Seillänge vom Zweiten entfernt sein – tatsächlich ist das selten der Fall. Sie sollte sich allerdings auch nicht nur drei Meter über dem Zweiten befinden, denn solch kurze Teilstrecken machen das Klettern langweilig und ziemlich ermüdend. Die zwischen zwei Standplätzen liegende Kletterstrecke bezeichnet man als **Seillänge.** Jede Nennung einer Seillänge bezieht sich auf deren Reihenfolge bei der Tour. Der Erste muß nun Fixpunkte auswählen und eine Selbstsicherung anbringen. So lange darf der Zweite auf keinen Fall das Seil aus der Seilbremse nehmen. Die Folge der Seilkommandos auf Seite 58 gibt Hinweise, wann das Seil während des Kletterns wie gehandhabt werden muß.

Hat der Erste seine Selbstsicherung verankert und der Zweite das Seil aus der Seilbremse gelöst, wird das durchhängende Seil zwischen den beiden Kletterern vom Seilersten eingeholt, der es ordentlich auf dem Standplatz zurechtlegt. Jetzt bereitet sich der Zweite auf seinen Aufstieg vor. Der Seilerste verankert das Seil des Zweiten in der Seilbremse. Auf ein vereinbartes Zeichen hin beginnt der Zweite mit dem Aufstieg. Bei der Begehung entfernt er sämtliche vom Ersten plazierte Zwischensicherungen.

Kletterabfolge

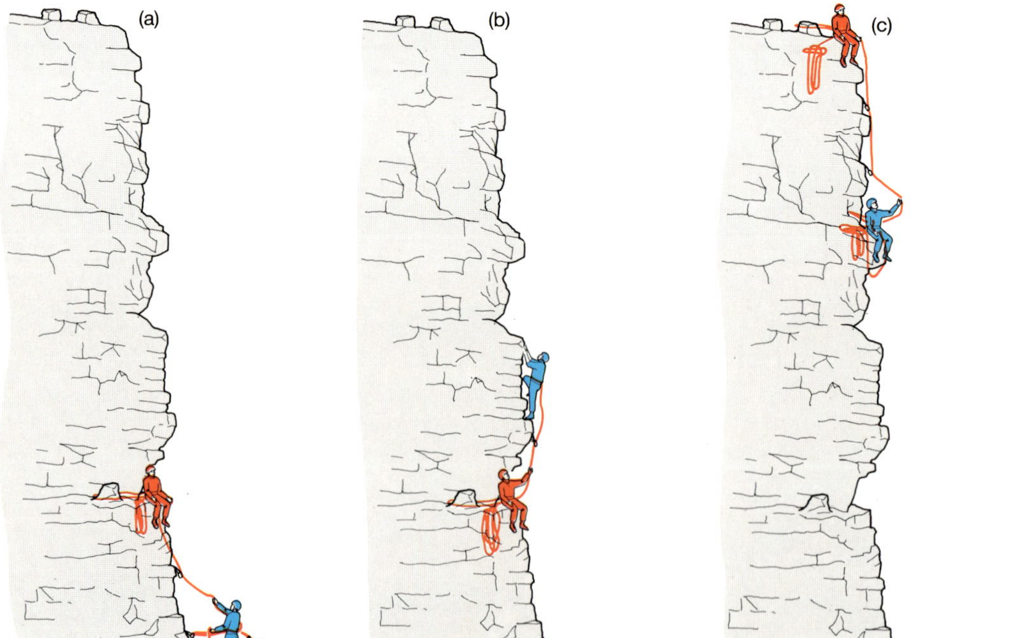

a) Der Seilerste hat die erste Seillänge hinter sich und eine Selbstsicherung angebracht.

b) Der Erste hat den Zweiten nachgeholt, der nun auf der nächsten Seillänge die Führung übernimmt.

c) Der Erste ist am Ende der dritten Seillänge angekommen und holt den Zweiten nach.

Bei der Ankunft am **Standplatz** kann der Zweite die Führung übernehmen. Die **Wechselführung** auf den einzelnen Seillängen vereinfacht den Standplatzwechsel am Ende jeder Seillänge. Voraussetzung für eine Wechselführung ist natürlich, daß beide Kletterer über den gleichen Kletterstandard verfügen. Bei der Wechselführung übernimmt der Zweite der vorigen Seillänge die zum Vorstieg notwendige Ausrüstung von seinem Gefährten und macht sich sofort auf den Weg zur nächsten Seillänge. Dieser Vorgang wiederholt sich während der gesamten Begehung.

Hat nur einer die Fähigkeit zum Seilersten, muß der Wechsel am Standplatz so glatt und sicher wie möglich durchgeführt werden. Bei der Ankunft auf dem Standplatz hängt sich der Zweite zuerst am Fixpunkt oder an den Fixpunkten ein, dann erst löst der Erste das Seil aus der Seilbremse. Danach müssen die Seile gewendet werden, so daß das Kletterseil des Ersten oben liegt. Die Ausrüstung muß wieder umverteilt werden. Bevor der Erste sich aus seiner Selbstsicherung aushängt, muß der Zweite dessen Seil in die Seilbremse einlegen. Auf diese Weise ist jeder der Kletterer während des Standortwechsels gesichert.

Auf dem Papier klingt das alles unkompliziert, und im Prinzip ist es auch nicht allzu schwierig. Obgleich es von Zeit zu Zeit besonders auf einem winzigen Standplatz ein wenig durcheinandergeht. Bewahren Sie die Ruhe, mit zunehmender Erfahrung wird auch in solchen Situationen Ihre Verzweiflung nachlassen.

Sicherung an mehreren Fixpunkten

Es läßt sich manchmal nicht vermeiden, daß man Sicherungen an mehreren Fixpunkten anbringen muß. Dafür gibt es viele Gründe. Meist liegt es daran, daß ein Fixpunkt nicht stark genug ist, um im Falle eines Sturzes zu halten. Zwei Fixpunkte ergeben eine tadellos sichere Verankerung. Bei der Sicherung an mehreren Fixpunkten sind die zuvor schon erwähnten Kriterien besonders wichtig. Zur Rekapitulation: **1.** Position dicht am Sicherungspunkt und **2.** das Seil am Sicherungspunkt in einer geraden Linie zur möglichen Sturzrichtung anbringen. Bei mehreren Fixpunkten kommt noch ein dritter Faktor hinzu. Um es so einfach wie möglich zu sagen, Sie sollten auf ein Sicherungssystem zurückgreifen, bei dem, falls ein Ankerpunkt versagt, der zweite oder Ersatzfixpunkt den Seilzug übernimmt, ohne durch eine ruckartige Seilbewegung geschwächt zu werden.

Das zu Beginn dieses Kapitels beschriebene Grundsicherungssystem an Fixpunkten eignet sich hervorragend für die Sicherung an mehreren Fixpunkten. Stellen Sie sich vor, Sie befinden sich in einer Situation, die einen zweiten Ankerpunkt notwendig macht. Sichern Sie sich wie gewohnt am ersten Fixpunkt und wählen Sie dann unter zwei Möglichkeiten:

1. Hängen Sie das Seil mit dem Mastwurf in der Einbindeschlinge mit Hilfe eines Karabiners in den zweiten Fixpunkt und knüpfen Sie im gleichen Karabiner einen zweiten Mastwurf. Verschieben Sie den Knoten, bis das Seil zwischen beiden Fixpunkten gleichen Zug hat. Vergessen Sie nicht, den Karabiner zu verschrauben! *Oder:*

2. Liegt der zweite Sicherungspunkt auf Armeslänge am Standplatz, knüpfen Sie einen Mastwurf direkt in einen in diesen Fixpunkt eingehängten Karabiner. Verschieben Sie den Knoten, bis er den gewünschten gleichen Zug gewährleistet. An dieser Stelle ist eine Warnung angebracht – ist der Fixpunkt nicht in Reichweite, ist es sehr schwierig und mühsam, den Mastwurf entsprechend zu verschieben; deshalb ist in einem solchen Fall die erste Möglichkeit vorzuziehen. Wenn Sie diese einfache Regel stets befolgen, haben Sie keine Schwierigkeiten.

Man kann noch eine dritte Möglichkeit in Betracht ziehen. Liegen die Fixpunkte eng beieinander, können diese mit einer langen Schlinge verbunden werden. Befestigen Sie die Schlinge an beiden Fixpunkten und verknüpfen Sie die doppelte Bandschlinge mit einem Spierenstich. Auf diese Weise erhalten Sie über zwei Fixpunkte einen einzigen Sicherungspunkt. Das kann nützlich sein, wenn Sie nicht genug Seil haben, um von zwei Fixpunkten separat auszugehen. Der Knoten in der Bandschlinge ist unbedingt notwendig, denn ansonsten würde beim Versagen eines Fixpunktes das ganze

Sturz des Seilersten

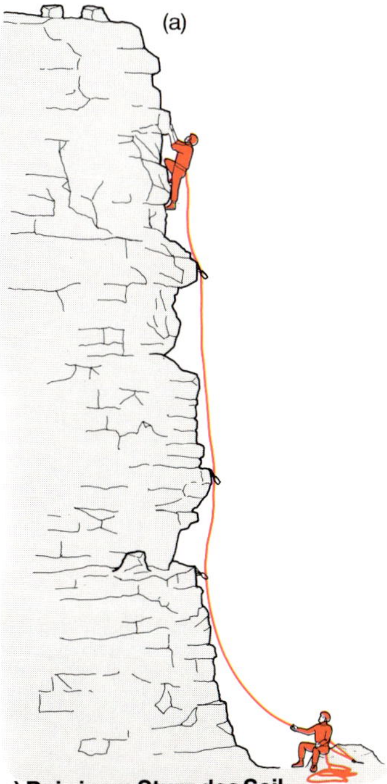

a) Bei einem Sturz des Seilersten zeigen sich die auf den Zweiten einwirkenden Kräfte.

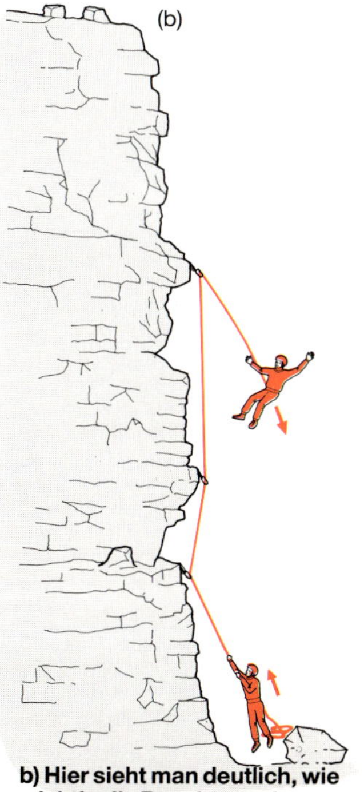

b) Hier sieht man deutlich, wie wichtig die Beachtung der Sturzzugrichtung bei der Plazierung der Zwischensicherung ist.

System in einer Katastrophe enden. Alternativ können Sie an jedem Fixpunkt einen Karabiner einhängen und je einen Mastwurf knüpfen. Erinnern Sie sich, daß Sie zum Einhängen des Seils einen Schraubkarabiner oder zwei gegenläufig eingehängte Schnappkarabiner benutzen müssen.

Doppelseiltechnik

Als Anfänger werden Sie mit an Sicherheit grenzender Wahrscheinlichkeit zuerst mit einem 11-Millimeter-Einfachseil klettern. Auf leichteren Routen ist das mehr als ausreichend, und die Handhabung ist einfacher. Wenn Sie es jedoch mit wachsender Erfahrung mit schwierigeren Routen aufnehmen wollen, benötigen Sie zwei Seile. Die Abbildungen zeigen deutlich die Vorteile der Doppelseilführung. Es leuchtet ein, daß ein Einfachseil in dieser Situation einen unerträglichen Zug ausüben würde. Bei der Benutzung eines Einfachseils könnte ein Kletterer unmöglich so viele Zwischensicherungen anbringen. Normalerweise nimmt man zur Doppelseilführung 9-Millimeter-Seile. Kaufen Sie zwei von je 45 Meter Länge. Vorteilhaft ist es, wenn beide Seile eine unterschiedliche Farbe haben. Gelegentlich benutzen Kletterer eine Kombination aus 9- und 11-Millimeter-Seilen, aus 8,8- und 10-Millimeter-Seilen oder sogar aus zwei 11-Millimeter-Seilen. Die letzteren sind sehr schwer zu handhaben, besonders nach einer langen und anstrengenden Seillänge, und der verstärkte Seilzug kann das Klettern noch ungemütlicher machen.

Probleme ergeben sich bei der Doppelseilführung recht häufig, wenn diese Technik nicht richtig beherrscht wird. Überlegen Sie sich, wo und wie Sie jedes Seil einsetzen werden, ehe Sie sich zur nächsten Seillänge aufmachen. Im einfachsten Fall bedeutet

Seilkommandos

Seilerster	**Zweiter**
»Stand« Wird nur gerufen, wenn der Führer die Selbstsicherung angebracht hat oder sich auf sicherem Boden befindet, wo ein Sturz unmöglich ist.	Nimmt das Seil aus der Seilbremse.
»Seil ein« Zieht das durchhängende Seil zwischen den beiden Kletterern ein.	Achtet darauf, daß das Seil glatt ohne Knoten- oder Krangelbildung läuft.
Der Seilerste holt das Seil unter Berücksichtigung einer Bremsseilreserve ein.	**»Seil aus«** Wenn das Seil eingeholt ist. Wird zu diesem Zeitpunkt noch nicht am Fixpunkt abgehängt.
»Nachkommen« Vor diesem Kommando hat der Seilerste die Gefährtensicherung übernommen.	Löst die Selbstsicherung und entfernt die Sicherungsausrüstung.
Jetzt ist der Erste für die Gefährtensicherung verantwortlich, da dieser seine Selbstsicherung gelöst hat.	**»Komme«** Dieses Kommando wird gegeben, sobald die Selbstsicherung gelöst ist. Letzte Überprüfung, ob keine Ausrüstung vergessen wurde.
»Okay«	
»Achtung« Führer hat Schwierigkeiten und rechnet mit einem Sturz.	**»Zug«** Hat ähnliche Schwierigkeiten wie der Erste.
»Halten, Halten« Führer in Sturzgefahr.	**»Seil ein«** Einige Krangel haben sich gebildet und machen den Zweiten nervös, oder das Seil hängt durch und ist im Weg.
»Gib aus« Fordert den Zweiten auf, Seil auszugeben.	**»Gib aus«** Fordert den Ersten auf, Seil auszugeben.
»Was sagt der Führer?« Der Erste findet die Begehung schwierig und kann nicht glauben, daß die Route tatsächlich hier entlangführt.	**»Wo bist du hier gegangen?«** Ähnliches Problem!

Fixpunkte

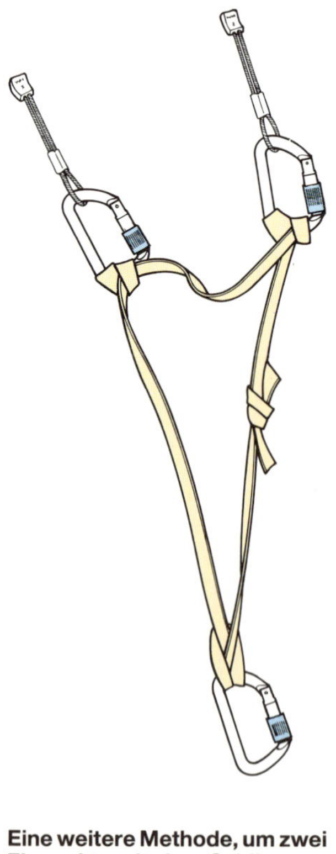

Eine weitere Methode, um zwei Fixpunkte mit einer Schlinge zu verbinden.

Sichern an mehreren Fixpunkten. Der Kletterer hat sich wie beschrieben am stärksten Ankerpunkt gesichert und sich mit einem Mastwurf in einen zweiten eingehängt. Beachten Sie, daß der Kletterer dicht an beiden Fixpunkten steht, ein gleich starker Zug auf beide einwirkt und eine direkte Linie zur voraussichtlichen Sturzrichtung eingehalten wird.

das, ein Seil in die linken Zwischensicherungen und ein Seil in die rechten Zwischensicherungen einzuhängen. Falls Sie das Einhängen im Zickzack vornehmen, werden Sie zwangsläufig bei einem Seil mehr Zwischensicherungen brauchen als beim anderen. Das Foto auf der nächsten Seite zeigt, warum das passieren kann. Sie können deutlich sehen, daß bei einem Sturz nur ein Seil den Zug auffangen würde. Da es sich wahrscheinlich um

Zwei Fixpunkte

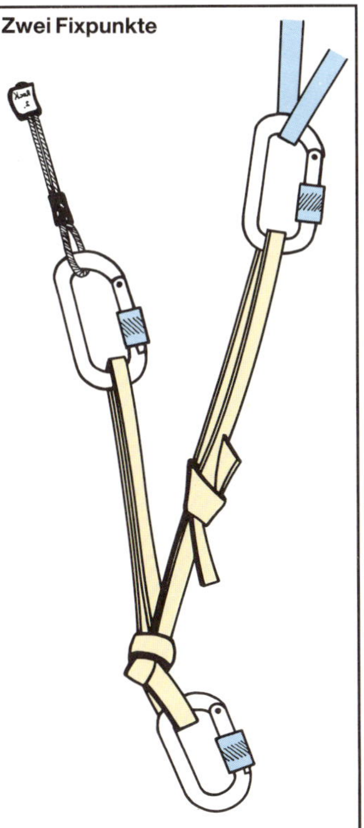

Zwei Fixpunkte verbindet man an einem zentralen Sicherungspunkt durch eine mit einem Spierenstich verknüpfte Schlinge.

Mehrere Fixpunkte

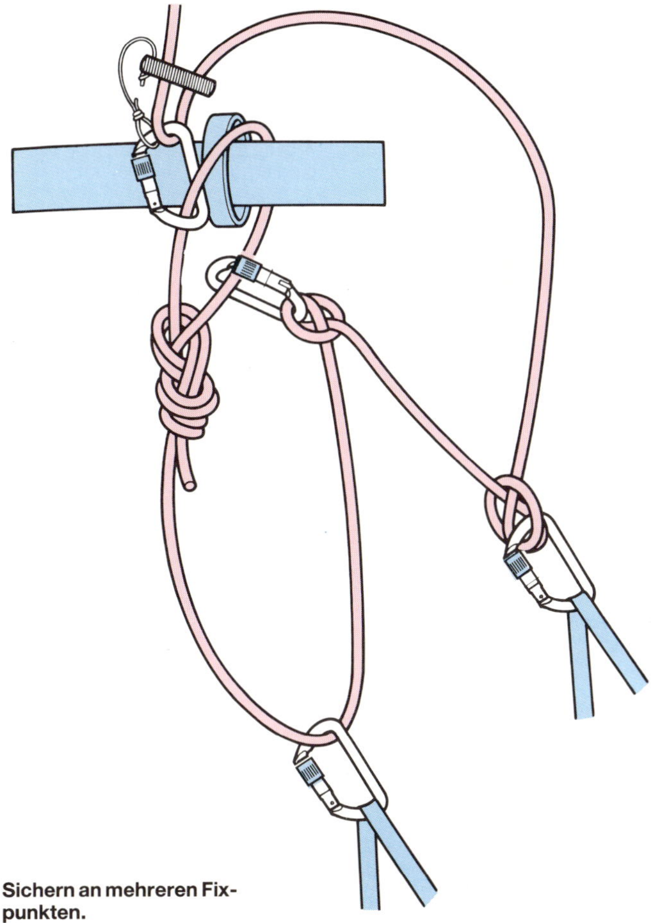

Sichern an mehreren Fixpunkten.

Schlechtes Beispiel für die Doppelseiltechnik! Die Seile überkreuzen sich, und der Kletterer wird auf dieser Seillänge deswegen noch in Schwierigkeiten geraten. Dieses Problem läßt sich mit vorausgehender sorgfältiger Überlegung vermeiden.

ein 9-mm-Seil handelt, hätte das dieselben Auswirkungen wie beim Klettern mit einem 9-Millimeter-Einfachseil, und das ist nicht empfehlenswert. Die Seilreibung in den Sicherungsgeräten und der starke Zug auf Seil, Anseilgurt und Körper würden eventuell ausreichen, um das Seil zum Reißen zu bringen (siehe **Sturzfaktor** Seite 64).

Probleme wie das Kreuzen der Seile könnten durch Nachdenken vor und während des Kletterns vermieden werden. Zur Doppelseiltechnik brauchen Sie selbstverständlich eine Seilbremse mit zwei Schlitzen. Beide Seile können in denselben Karabiner eingehängt werden – vorzugsweise in einen großen birnenförmigen. Die Sicherung an mehreren Fixpunkten ist bei der Doppelseiltechnik unkomplizierter, weil Sie an jedem Fixpunkt ein Seil befestigen können.

Weitere Knoten

In unserem System für die Seilarbeit sind der Achterknoten und der Mastwurf die beiden wichtigsten Knoten. Sie werden jedoch ab und zu auch andere Knoten brauchen. Im folgenden werden diese Knoten mit ihren hauptsächlichen Anwendungsbereichen aufgeführt.

Bandschlingenknoten

Mit diesem Knoten werden die Enden von Bandschlingen verknüpft. Achten Sie darauf, daß das Band flach liegt, sich innerhalb des Knotens nicht verdreht und mindestens 5 Zentimeter Seilende hinter dem Knoten vorsteht. Der Bandschlingenknoten neigt dazu, sich zu lösen, behalten Sie ihn also im Auge.

Vergessen Sie nicht, daß Sie vorgefertigte genähte Bandschlingen kaufen können, dann kommen Sie um das Knüpfen des Bandschlingenknotens herum.

Doppelseiltechnik

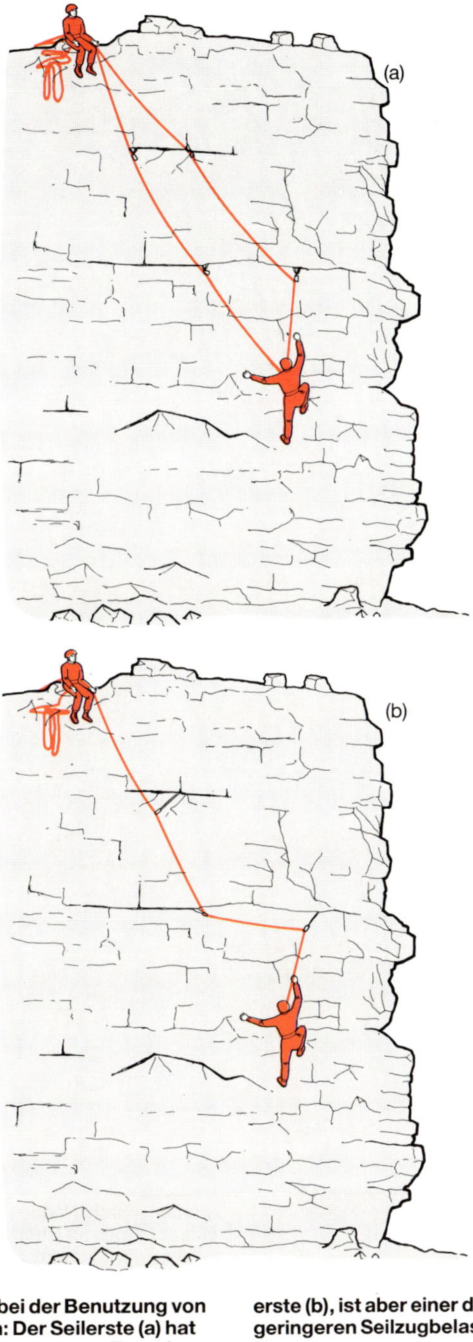

Ein Vorteil bei der Benutzung von zwei Seilen: Der Seilerste (a) hat die gleiche Anzahl von Zwischensicherungen plaziert wie der Seilerste (b), ist aber einer deutlich geringeren Seilzugbelastung ausgesetzt.

Bandschlingenknoten

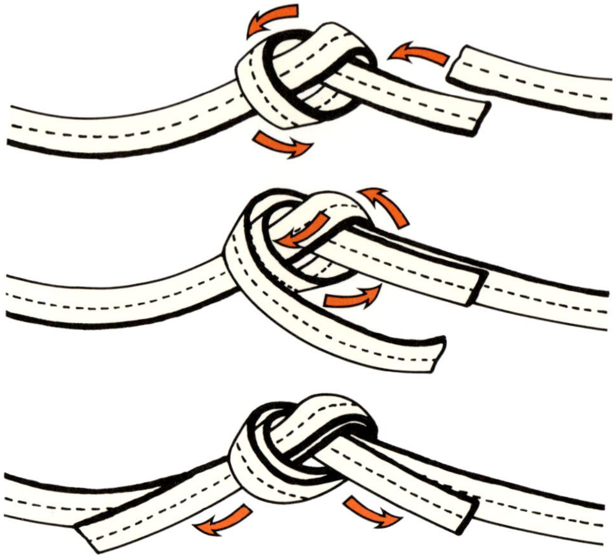

Diesen Knoten benutzt man zur Verbindung der Enden von Bandschlingen.

Halbmastwurf

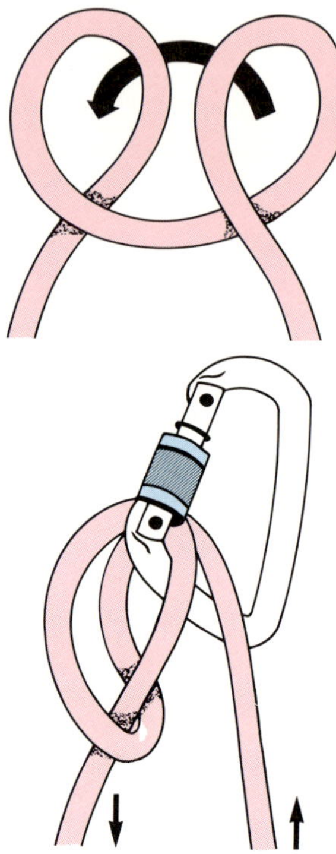

Eigentlich ist der Halbmastwurf eine Bremsschlinge. Er neigt zur Bildung von Krangeln im Seil.

Gesteckter Sackstich

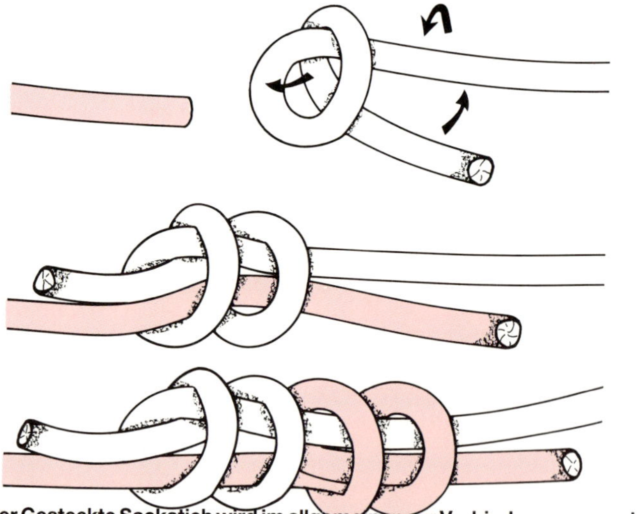

Der Gesteckte Sackstich wird im allgemeinen zur Verbindung von zwei Seilen verwendet.

Gesteckter Sackstich

Dies ist der gebräuchlichste Knoten zur Verbindung zweier Seilenden. Hervorragend eignet er sich auch zur Herstellung von Seilringen für Sicherungsschlingen und als Seilverbindung zweier Seile beim Abseilen. Beim Knüpfen macht man leicht einen Fehler, aber eine falsche Knüpfung fällt sofort auf.

Halbmastwurf

Strenggenommen handelt es sich dabei um eine Bremsschlinge zur Sicherung. Er kann auch als »Abseilhilfe« verwendet werden. Leider hat er die Tendenz, die Seile unangenehm zu verdrehen. Bis zu einem gewissen Grad kann man dieses Problem durch die Verwendung eines großen birnenförmigen Karabiners meistern. Wenn Sie den Halbmastwurf bei der Doppelseiltechnik verwenden, ist er leichter zu handhaben, wenn Sie aus beiden Seilen einen Knoten knüpfen. Manchmal wird empfohlen, daß Sie einen Mastwurf in jedes Seil knüpfen und in separate Karabiner einhängen sollen, aber das kann durchhängende Seile beim Einholen durcheinanderbringen.

Bulinknoten

Als Anseilknoten ist der Bulinknoten eine Alternative zum Achterknoten. Sein größter Vorteil gegenüber dem Achterknoten liegt in seiner leichteren Verschiebbarkeit. Es besteht die entfernte Möglichkeit, daß er sich öffnet oder löst, deshalb sollten Sie ihn immer mit einem sauber an den Bulin-

Bulinknoten mit doppeltem Sicherungsendknoten

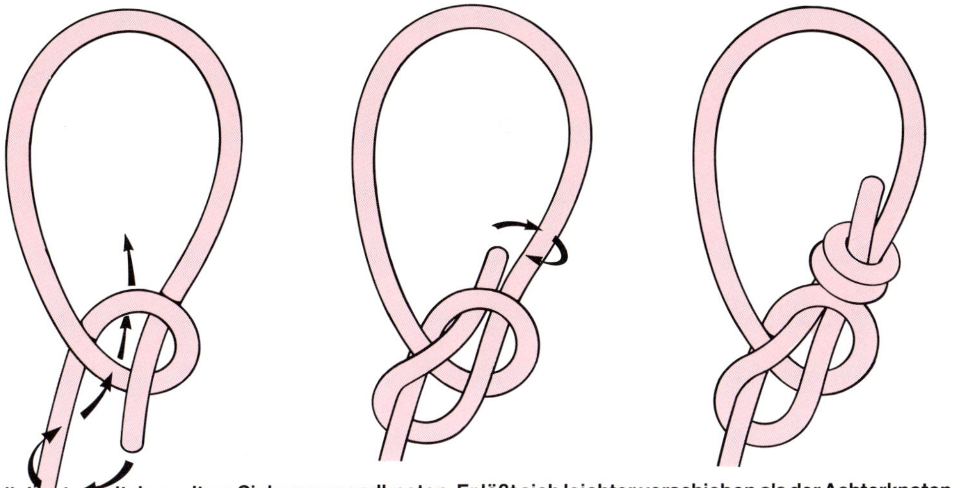

Der Bulinknoten mit doppeltem Sicherungsendknoten. Er läßt sich leichter verschieben als der Achterknoten.

Prusikknoten

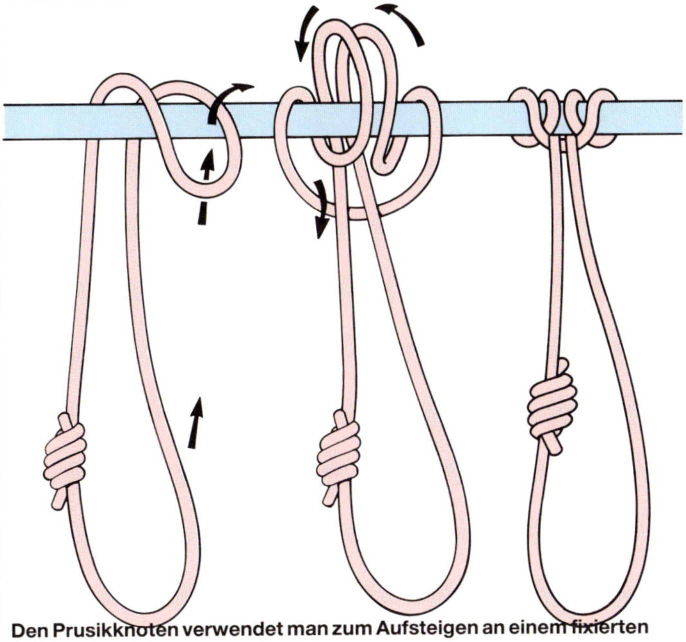

Den Prusikknoten verwendet man zum Aufsteigen an einem fixierten Seil.

Französischer Prusikknoten

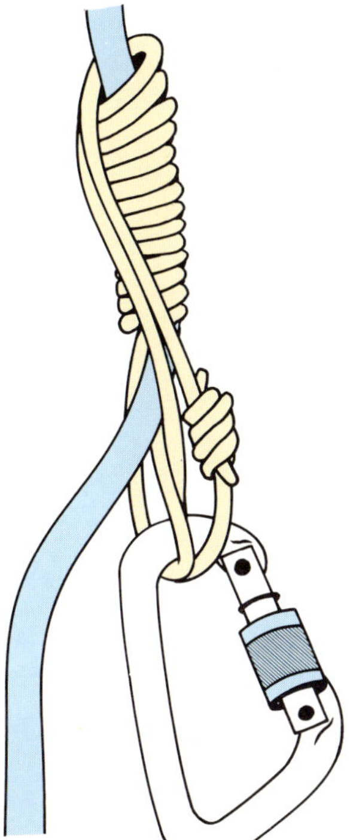

Der Französische Prusikknoten kann unter Belastung gelöst werden.

knoten geknüpften doppelten Sicherungs-Endknoten versehen. Wenn Sie keinen Anseilgurt haben und das Seil direkt um die Hüfte binden, können Sie ihn ebenfalls als Anseilknoten verwenden.

Prusikknoten

Diesen Knoten verwendet man zum Aufstieg an einem fixierten Seil (siehe später in diesem Kapitel). Aus einer 6 Millimeter starken Hilfsreepschnur geknüpft, ist er sehr effizient, aber er

Zwischensicherungen

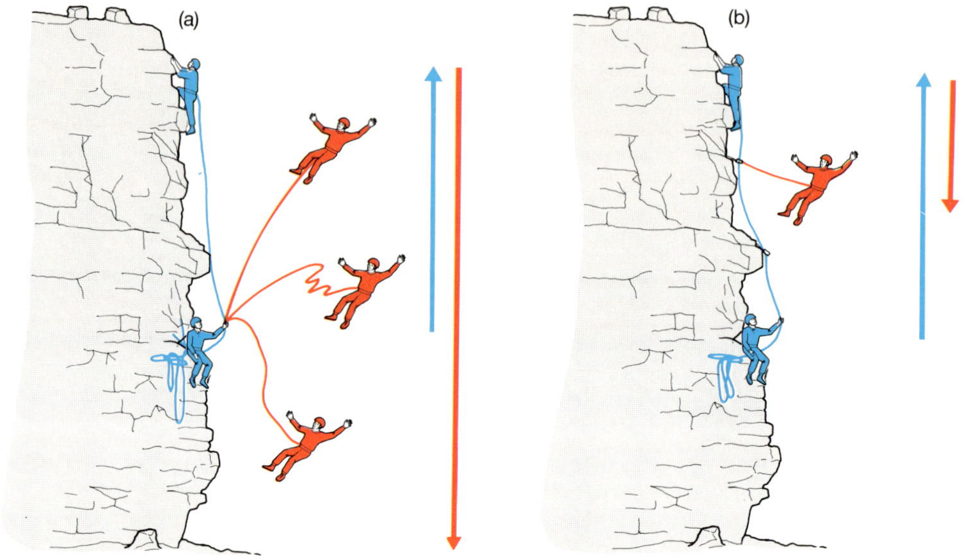

Auf der Abbildung (a) hat der Seilerste sechs Meter Seil verbraucht, ohne eine Zwischensicherung zu plazieren. Abbildung (b) zeigt dieselbe Situation, aber mit einer Zwischensicherung alle drei Meter. Damit wird die Sturzhöhe beträchtlich reduziert. Es ist möglich, bei einem weniger tiefen Sturz mit mehr ausgegebenem Seil einen niedrigeren Sturzfaktor zu erzielen.

Hüftsicherung

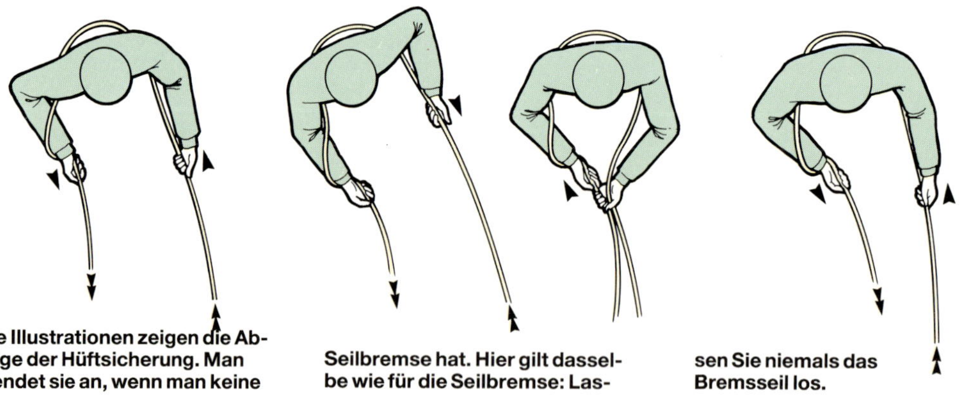

Die Illustrationen zeigen die Abfolge der Hüftsicherung. Man wendet sie an, wenn man keine Seilbremse hat. Hier gilt dasselbe wie für die Seilbremse: Lassen Sie niemals das Bremsseil los.

kann sich unter Belastung verklemmen. Sie sollten ihn keiner plötzlichen Belastung unterziehen, oder er wird versagen.

Französischer Prusikknoten

Hat sehr viel Ähnlichkeit mit dem gewöhnlichen Prusikknoten, läßt sich aber unter Belastung leicht lösen. Insbesondere bei einer Hilfsaktion nach einem Sturz (siehe Seite 66), erweist sich das als Vorteil. Weiche 6-Millimeter-Hilfsseilreepschnur ist dafür am besten.

Sturzfaktor

Der Sturzfaktor bezeichnet die relative Fallhöhe und Härte des Sturzes eines Seilersten. Gleich zu Anfang muß darauf hingewiesen werden, daß es sich dabei um eine sehr theoretische Messung handelt, die nur grob die Schwere eines Sturzes und dessen Auswirkungen auf das Sicherungssystem anzeigt. Es handelt sich um eine rein mathematische Gleichung. Dinge, wie etwa die Seilreibung über einer Felskante werden dabei außer acht gelassen. Auch die Sturzwucht des Körpers bleibt unberücksichtigt. Trotzdem kann man aus der Gleichung einige interessante Tatsachen ableiten, die Einfluß auf die Plazierung der Zwischensicherungen haben. Der Faktor wird mit einer simplen Gleichung errechnet.

$$\text{Sturzfaktor} = \frac{\text{Gesamtlänge des freien Sturzes des Seilersten}}{\text{ausgegebenes Seil des Zweiten}}$$

Der extremste Sturzfaktor, den die Zwischensicherungen auffangen, ist theoretisch der Faktor 2. Man kann zwar unter bestimmten Voraussetzungen auch einen härteren Sturz abfangen, aber darauf näher einzugehen, würde den Rahmen dieses Buches sprengen.

Die Abbildung demonstriert zwei Stürze des Seilersten. Man sieht deutlich, daß ein Sturz des Seilersten nur ein paar Meter über dem Zweiten ernsthafte Auswirkungen und einen hohen Sturzfaktor zur Folge hat. Deshalb ist es vernünftig, knapp über dem Standplatz eine Zwischensicherung zu plazieren. Bei einem tieferen Sturz, aber mit mehr ausgegebenem Seil zum Abfangen der Fangstoßkraft, entsteht eine merklich geringere Belastung des Sicherungssystems. Aber natürlich ist bei einem solchen Sturz die Chance sehr viel größer, daß der Stürzende auf Felskanten aufschlägt und sich auf dem Weg nach unten beträchtliche Verletzungen zuzieht.

Theoretisch wären Sie folglich gut beraten, knapp über dem Standplatz zahlreiche Zwischensicherungen anzubringen und weitere beim Aufstieg gleichmäßig zu verteilen. In der Praxis ist es jedoch besser, zahlreiche Zwischensicherungen zu Beginn der Seillänge zu plazieren und beim Weitergehen so viele, wie Sie für nötig erachten oder noch als Vorrat bei sich tragen.

Führungsseil

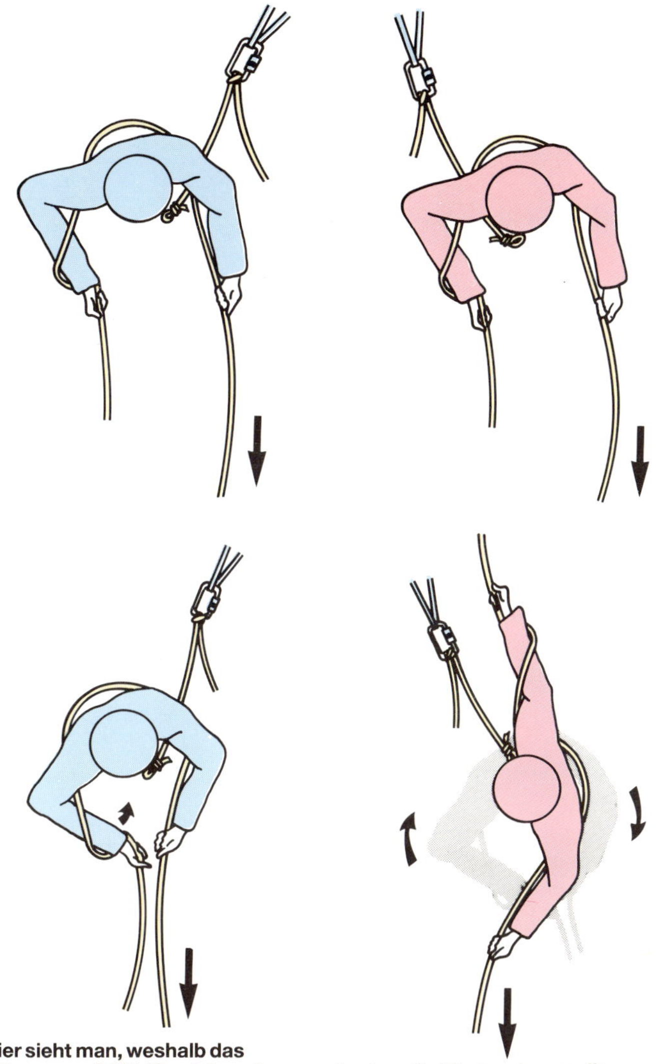

Hier sieht man, weshalb das Führungsseil (Pfeil) auf derselben Seite verlaufen muß wie das Seil zum Fixpunkt. Werden bei der Seilarbeit Fehler gemacht, werden dem Sichernden im Falle eines Gefährtensturzes die Arme auseinandergerissen. Der Sichernde (blau) handhabt das Seil korrekt; im Falle eines Sturzes dreht es ihn zum Fixpunkt.

Rettungsseiltechniken

Hüftsicherung

Sollten Sie sich in einer Situation befinden, in der Sie keine Möglichkeit zur Anwendung einer Seilbremse oder einer Halbmastwurfsicherung haben, müssen Sie das Seil Ihres Gefährten auf andere Weise sichern. Bevor die Seilbremsen entwickelt wurden, benutzten alle Kletterer zur Gefährtensicherung entweder die Hüftsicherung oder, weniger gebräuchlich, die Schultersicherung. Die Hüftsicherung ist längst nicht so wirksam wie die Seilbremse und in den falschen Händen kann dabei sehr viel schiefgehen. Einige wichtige Punkte müssen beachtet werden:

1. Um überhaupt die Chance zum Abfangen eines harten Sturzes zu haben, muß man Handschuhe tragen. Ebenfalls notwendig sind lange Ärmel und Rückenpolster. An einem heißen Tag, wenn Sie nur Shorts und T-Shirt tragen, ist eine Hüftsicherung ziemlich riskant.

2. Formen Sie die Schlinge immer über dem Kopf, ehe Sie das Seil um Ihre Hüfte binden.

3. Achten Sie darauf, daß das Füh-

Prusikschlinge

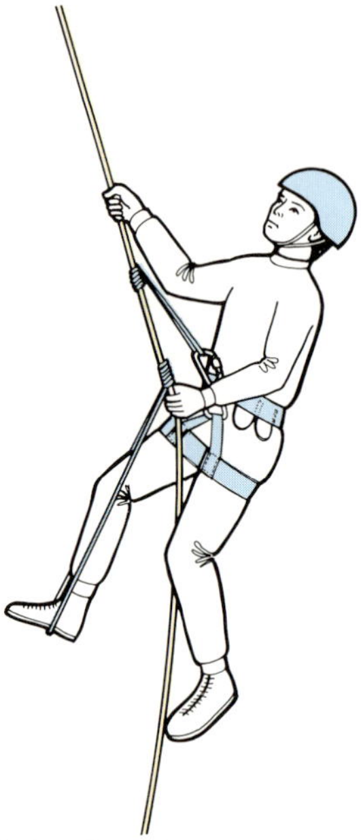

Die Prusikschlinge wird zum Selbstaufstieg an einem fixierten Seil verwendet.

rungsseil auf derselben Seite verläuft wie das Seil zum Fixpunkt.

4. Lassen Sie **niemals** das Bremsseil los.

5. Schlingen Sie das Bremsseil **immer** um den »Bremsarm« – niemals um den »Führungsarm«.

Es hat durch nachlässigen Gebrauch einer Hüftsicherung etliche entsetzliche Unfälle gegeben – seien Sie bitte vorsichtig und vermeiden Sie jedwede Schlampigkeiten.

Prusikschlinge

Diese dient zum Selbstaufstieg an einem fixierten Seil mit Hilfe von Reepschnur-Steigschlingen, einer für den Fuß, der sogenannten Standschlinge, und einer Sitzschlinge am Sitzgurt. Für den Selbstaufstieg an einem fixierten Seil kann es vielerlei Gründe geben. Zum Beispiel, wenn Sie nach einem Sturz unterhalb eines Überhangs hängen, keine Felsberührung bekommen und folglich nicht wieder am Fels aufsteigen können. Natürlich müssen Sie diese Methode trainieren und beherrschen, bevor Sie in eine solche Situation kommen, denn sonst besteht nur wenig Hoffnung, daß Sie sie erfolgreich durchführen. Ideale Übungsbedingungen bietet ein an einen Baum gehängtes Seil. Auf diese Weise hat man sogar noch Spaß daran. Experimentieren Sie mit der Schlingenlänge. Die Faustregel besagt, daß die Sitzschlinge ungefähr 50 Zentimeter und die Standschlinge ungefähr 1,25 Meter lang sein sollen. Denken Sie stets daran, daß eine zu lange Schlinge immer verkürzt werden, aber eine zu kurze nicht verlängert werden kann. Der gewöhnliche Prusikknoten eignet sich gut für die Prusikschlinge, aber an feuchten oder schmutzigen Seilen müssen Sie seine Festigkeit mit mehreren Wicklungen verstärken. Sie können auch den Französischen Prusikknoten anwenden, aber seien Sie vorsichtig, daß er sich nicht versehentlich löst. Das Diagramm zeigt einen Kletterer, der mit Hilfe einer Prusikschlinge aufsteigt. Die Schlingen werden immer wechselweise höhergeschoben. Aus Sicherheitsgründen sollte die mit dem Gurt verbundene Schlinge stets oberhalb der Standschlinge sein.

Hilfsaktion nach einem Gefährtensturz

Hier erfahren Sie, wie Sie sich aus dem Sicherungssystem ausklinken und gleichzeitig für die Sicherheit des Kletterers sorgen können, für den Sie verantwortlich sind. Nehmen Sie zum Beispiel einen Notfall an. Ihr Gefährte ist gestürzt und hat sich verletzt, und Sie halten es für erforderlich, zum Unfallopfer abzusteigen und Erste Hilfe zu leisten, oder Sie holen Hilfe, während er gesichert vor Ort bleibt. Natürlich ist es nicht ganz einfach, sich aus dem Sicherungssystem auszuklinken, wenn ein Mensch mit seinem ganzen Gewicht am Seilende hängt.

1. Sichern Sie die Seilbremse, um beide Hände frei zu haben.

2. Knüpfen Sie am Führungsseil einen Französischen Prusikknoten und hängen Sie es wieder an Ihrem Fixpunkt an. Können Sie Ihre Fixpunkte nicht erreichen, müssen Sie einen zweiten Prusikknoten in die Seile knüpfen, die Sie über die Fixpunkte sichern.

3. Lösen Sie die Seilbremse und verschieben Sie das Gewicht des Kletterers langsam am Französischen Prusikknoten.

4. Nehmen Sie das Kletterseil aus der Bremse und sichern Sie es sofort mit einem Achterknoten an einem sicheren Fixpunkt.

5. Jetzt können Sie sich vom Seil losbinden und tun, was immer Sie für nötig halten. Wenn Sie Zweifel an der Festigkeit der Fixpunkte haben, zögern Sie nicht, Ersatzfixpunkte einzurichten.

Weitere Einzelheiten würden über den Rahmen dieses Buches hinausgehen. Wer sich weitere Kenntnisse über Hilfsaktionen aneignen möchte, sollte die Literaturhinweise beachten.

Stürze und menschliches Versagen

Es läßt sich nicht vermeiden, daß jeder einmal einen Fehler macht. Das passiert dem besten Kletterer, und es gibt keinen Grund, sich darüber unnötig Sorgen zu machen. Fehler geschehen aus den verschiedensten Gründen, aber normalerweise versagen Sie, weil Sie sich eine zu schwierige Route zugemutet haben, oder weil es zu regnen beginnt, und eine weitere Begehung wegen des feuchten, schmierigen Felsens nicht mehr möglich ist.

Übersteigt der Schwierigkeitsgrad einer Route Ihr Können, besteht die Möglichkeit eines Sturzes. Das muß nicht so fürchterlich sein, wie es sich anhört, besonders nicht in der Nähe einer Zwischensicherung. Befindet sich eine Zwischensicherung knapp über Ihrem Kopf oder auf Hüfthöhe, merken Sie oder Ihr Zweiter einen »Sturz« kaum. Viele Könner, die eine technisch extrem schwierige Route ausprobieren, stürzen wiederholt in Zwischensicherungen. Selbstverständlich ist dazu großes Vertrauen in die Plazierung der Zwischensicherungen und die Sicherungsfähigkeit des Zweiten erforderlich. Es gehört auch eine bestimmte mentale Einstellung und beträchtliche Nervenstärke dazu. Diese Klettermethode, Yo Yo genannt, ist für Anfänger nicht empfehlenswert!

Rückzug aus dem Fels

Werden Sie mit einem Rückzug konfrontiert, überlegen Sie zuerst, ob die Möglichkeit besteht, die Seillänge zurückzuklettern und beim Abstieg sämtliche Zwischensicherungen zu entfernen. Diesen Vorgang bezeichnet man auch als »Umkehr«. Ist Ihnen dieser Gedanke zuwider, müssen Sie sich am Seil hinablassen.

Stellen Sie sich vor, Sie befinden sich auf einer schwierigen Seillänge und müssen den Rückzug antreten. Der einfachste Weg besteht darin, Ihr Seil in der obersten Zwischensicherung eingehängt zu lassen (diese soll-

Ausklinken aus dem System

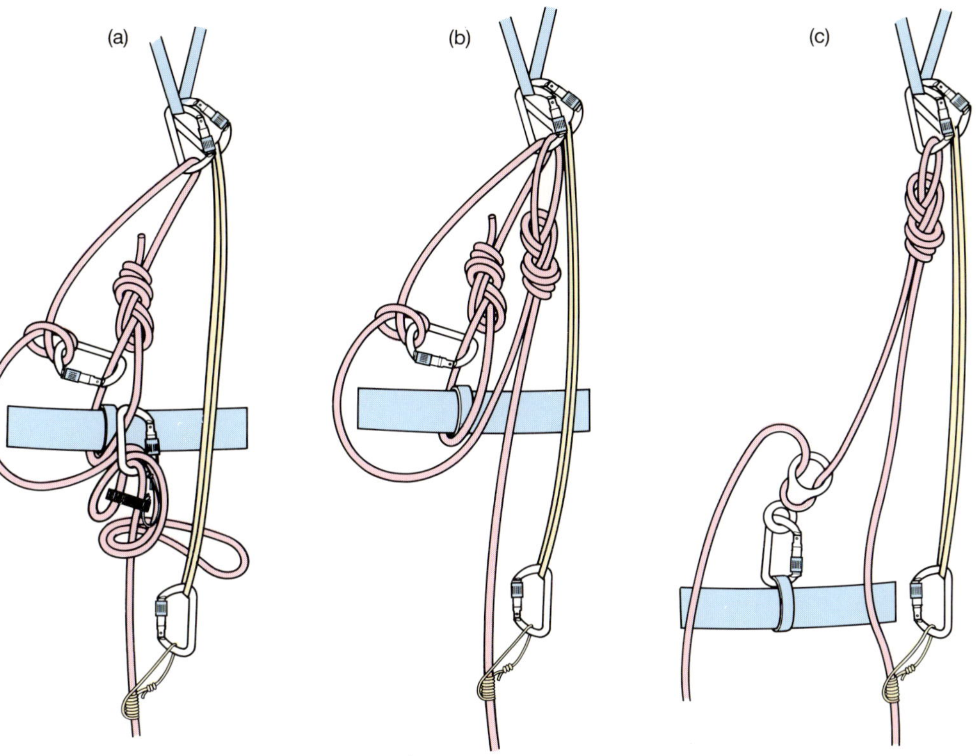

a) Sicherung der Seilbremse und Knüpfen eines Französischen Prusikknotens am Führungsseil. Wieder am Fixpunkt einhängen.

b) Verschieben des Gewichts am Französischen Prusikknoten und lösen der Seilbremse. Sicherung mit einem Achterknoten am Fixpunkt.

c) Öffnen der Einbindeschlinge und lösen aus dem System. Vorbereitung auf den Abstieg am Seil.

te sich auf Hüfthöhe oder über Ihrer Hüfte befinden) und sich ans Seil zu hängen. Dann lassen Sie sich von Ihrem Zweiten zurück zum Standplatz holen, indem Sie die obere Zwischensicherung als eine Art Flaschenzug einsetzen. Auf der Rückzugsstrecke sammeln Sie alle dort befindlichen Zwischensicherungen ein. Bei der Ankunft am Standplatz sichern Sie sich an einem Fixpunkt, binden sich vom Seilende los und ziehen es durch die Zwischensicherung. Leider sind Sie diese Zwischensicherung und den Karabiner los. Sofern Sie diese Geräte nicht bei der nächsten Gelegenheit holen, werden Sie wohl oder übel feststellen, daß ein anderer Kletterer sich diese schon fröhlich in seine Ausrüstung einverleibt hat!

Sehr wichtig bei dieser Methode ist es, daß das Seil stets mit einem Karabiner in der Zwischensicherung eingehängt wird. Lassen Sie sich **niemals** an einem Seil ab, das durch eine Nylonschlinge läuft, denn durch die Reibung würde es vollständig schmelzen, und das würde mit an Sicherheit grenzender Wahrscheinlichkeit Ihren Tod bedeuten.

Diese Methode kann nur angewendet werden, wenn Sie sich weniger als eine halbe Länge des Seils über dem Standplatz befinden. Sind Sie weiter vom Standplatz entfernt, müssen Sie entweder bis zu einem Punkt abklettern, von dem aus ein Ablassen am Seil möglich ist oder, falls Sie die Doppelseiltechnik anwenden, sich abseilen. Das Abseilen erfordert große Sorgfalt. Sie müssen sich von beiden Seilenden losbinden, diese durch die Zwischensicherung ziehen, die Sie als Abseilfixpunkt benutzen, und anschließend mit einem Gesteckten Sackstich verknüpfen. Erinnern Sie sich, daß Sie für den Fall eines Sturzes eine Selbstsicherung anbringen müssen, ehe Sie sich von den Seilenden losbinden.

Haben Sie den Standplatz erreicht, müssen Sie und Ihr Gefährte den Rückzug vom Fels antreten. Falls Sie sich drei oder vier Seillängen hoch im Fels befinden, kann diese Aussicht ziemlich erschreckend sein. Handeln Sie wiederum mit großer Vorsicht und nach sorgfältiger Überlegung. Es wird sich nicht vermeiden lassen, daß Sie einen Teil Ihrer Ausrüstung zurücklassen müssen, aber das ist ein geringer Preis für Ihr Leben.

Kapitel 5

Abklettern

Der Abstieg ist nie so leicht wie der Aufstieg, aber kein Kletterer kommt darum herum. Viele Routen enden auf einem Felsen mit reichlich unkomplizierten Abstiegswegen – wenig mehr als ein sorgloser Sprung durch die Luft und los gehts zum erneuten Aufstieg. Manchmal erfordert der Abstieg allerdings mehr Sorgfalt als das Klettern: Vielleicht ist die Route nur schwer zu finden, zuweilen könnte es sogar Schwierigkeitsgrade für den Abstieg geben.

Wenn möglich sollten Sie versuchen, mit dem Rücken zum Fels abzuklettern, um sich eine bessere Übersicht über die vor Ihnen liegenden Probleme zu verschaffen. Mag diese Methode auch ab und zu Unsicherheiten hervorrufen, der Abstieg geht auf diese Weise allemal schneller. Falls Sie in einen sehr schwierigen Abschnitt kommen oder große Angst verspüren, drehen Sie sich selbstverständlich um und wenden das Gesicht dem Fels zu. Versuchen Sie trotzdem, übertriebene Anspannung zu vermeiden, denn darunter würde Ihre Beweglichkeit leiden und Ihr Blick auf die weiter unten liegenden Griffe und Tritte eingeschränkt. Für das Abklettern gelten dieselben Prinzipien bezüglich Gleichgewicht und Technik wie für das Aufsteigen. Gelegentlich wird aus Sicherheitsgründen das Seil erforderlich. Es kann genauso eingesetzt werden wie beim Klettern. Auch beim Abklettern kann man jeden Abschnitt als Seillänge betrachten, auf der der Seilerste Zwischensicherungen plaziert und, wenn nötig, Standplätze einrichtet.

Eine schnellere Abstiegsmethode auf unangenehmem oder schwierigem Terrain ist das **Abseilen.** Voraussetzung zum Abseilen ist die sichere Verankerung des Seils an einem Fixpunkt. Beim Abseilen ist das Seil doppelt zu nehmen. Am doppelten Seil läßt man sich ab bis zu einem sicheren Stand. Sind alle Kletterer unten angelangt, wird das Seil von unten eingeholt. In der Praxis ist es nicht ganz so einfach, wie es sich anhört. Vieles kann beim Abseilen schiefgehen, und es ist eine nüchterne Feststellung, die

Abseilen vom Old Man of Hoy auf den Orkney-Inseln, Schottland. Eine sehr schnelle Abstiegsmethode, die aber mit Vorsicht ausgeführt werden sollte.

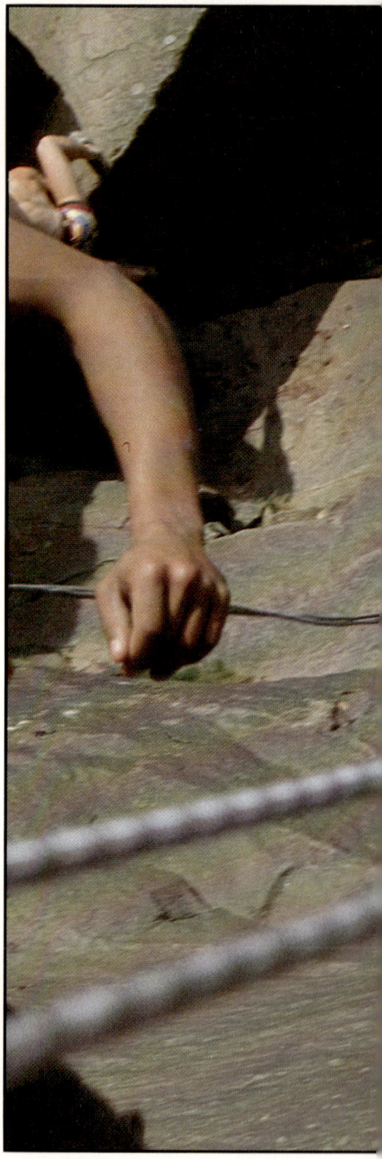

Links: Mittagspause im Freien! Die Abseiltechniken müssen unbedingt in einer kontrollierten Situation trainiert werden. Eine nachlässige Handhabung der Hüftsicherung kann zu ernsten Verletzungen oder sogar zu einem tödlichen Sturz führen. Sie müssen mit absoluter Sicherheit wissen, was Sie zu tun haben.

Oben: Abseilen ohne Sicherungsseil. Der Gefährte hält das Seil am unteren Ende fest.

man sich stets ins Gedächtnis rufen sollte, daß viele bekannte Kletterer bei Abseilunfällen zu Tode gekommen sind – Sie sollten nicht dazugehören!

Als erstes sollten Sie darauf achten, daß die von Ihnen gewählte Verankerung sicher genug ist, um das volle Gewicht des Kletterers zu tragen. Felsköpfe oder Felsblöcke müssen absolut sicher sein und dürfen keine scharfen Kanten haben. Sämtliche Schlingen oder Sicherungen sollten in bestem Zustand und nicht angeschnitten oder anderweitig beschädigt sein.

Eventuell vorhandene Bäume bieten sich als Abseilverankerung geradezu an, denn sie wurzeln meist tief und das Seileinholen ist unter solchen Gegebenheiten relativ leicht. Es ist außerordentlich frustierend, wenn man das Seil um einen Felsblock legt, sich abseilt und dann feststellt, daß man das Seil nicht einholen kann, weil es sich am Fixpunkt verklemmt hat. Es ist gar keine schlechte Idee, wenn der erste abgeseilte Kletterer prüft, ob sich das Seil einwandfrei einholen läßt. Sollte das nicht der Fall sein, kann der noch oben wartende Gefährte den Seilverlauf korrigieren. Hat sich das Seil verklemmt und Sie können es nicht mehr von unten einholen, klettern Sie nicht zurück, sofern Sie nicht beide Seile benutzen können. Trotz des Verlusts an Ausrüstung ist es besser, eine Schlinge oder anderes Material zu opfern, wenn man nicht in absoluter Sicherheit das Seil holen kann.

Abseiltechniken

Wie alle Klettertechniken sollten Sie auch das Abseilen in einer kontrollierten Situation üben, bevor Sie sich auf Ihre erste Route wagen. Man kann zwischen etlichen Abseilgeräten wählen, die alle gut funktionieren, aber darunter befinden sich auch praxisfremde und beim Tragen recht lästige Geräte. Am einfachsten und effektivsten ist der Abseilachter. Dieses Gerät arbeitet relativ seilschonend und gewährleistet eine gute Reibung. Das nach unten hängende Seil ist auf einer langen Abseilstrecke durch sein Gewicht recht unhandlich. Auf dem Foto sehen wir einen Kletterer an einer Kante. Das Seil, das über den Fels nach unten läuft und in der rechten Hand gehalten wird, nennt man **Bremsseil.** Die Abseilgeschwindigkeit reguliert der Kletterer selbst, indem er das Seil in einer ihm angenehmen Geschwindigkeit durch die Hand laufen läßt. Aber Vorsicht, daß Sie nicht zu schnell werden, sonst können Sie sich leicht ernsthafte Verbrennungen an der Hand zuziehen. Im Extremfall könnten Sie das Seil dann nicht mehr greifen. Die linke Hand hat keine Funktion bei der Geschwindigkeitskontrolle. Am besten hält man das Seil aus Stabilitätsgründen über dem Abseilgerät. Viele Kletterer fassen mit der Hand zu dicht an das Abseilgerät. Dazu besteht keine Veranlassung.

Der schwierigste Teil beim Abseilen ist das Überwinden einer Kante. Sind Sie einmal unterwegs, ist der Rest im Normalfall ohne Komplikationen zu bewältigen, vorausgesetzt, Sie stoßen auf keine Hindernisse. Halten Sie die Füße auseinander und die Beine gestreckt. Beachten Sie bei der Stellung Ihrer Füße, daß Sie nicht auf das Gesicht fallen, wenn Sie ins Rutschen geraten. Was auch immer geschieht, Sie dürfen das Bremsseil niemals loslassen. Das ist lebenswichtig. Bei Ihrem ersten Versuch ist es vernünftig, wenn Sie jemand mit einer Sicherungsleine sichert. Normalerweise seilt man sich in der Linie ab, in der das Seil hängt. Aber gelegentlich ist ein Quergang erforderlich. Seien Sie dabei vorsichtig, denn falls Sie ins Rutschen kommen, entsteht eine starke Pendelbewegung, die zu allen

Langes, freies Abseilen vom Parliament House Cave am Gogarth, Nordwales. Ein Rückzug würde ein langes Aufsteigen mit der Prusikschlinge erfordern.

Abseilgerät

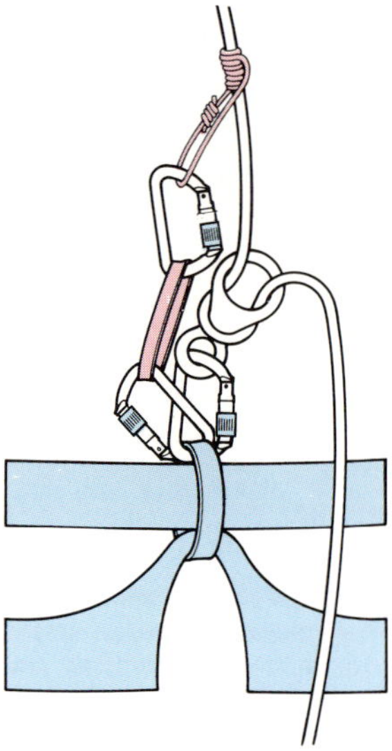

Einfaches, aber effektives Abseilgerät. Die Schlingenverbindung zwischen Gurt und Französischem Prusikknoten darf nicht zu lang sein.

möglichen Problemen führen kann, nicht zuletzt zu Verletzungen.

Überhänge können unangenehm sein. Ist der Fixpunkt sicher und verfügen Sie über Nervenstärke, stellen Sie sich an den Rand und springen Sie. Lassen Sie dabei das Seil relativ rasch gleiten und achten Sie beim Zurückschwingen darauf, daß Sie sich gut unterhalb der Kante befinden. Auch dabei ist Vorsicht geboten, damit Sie sich nicht die Finger quetschen oder mit der Kleidung zwischen Fels und Seil geraten. Ist Ihnen diese Technik zu wagemutig, seilen Sie sich über die Kante ab. Dabei lehnen Sie sich seitlich gegen den Fels, die Bremshand nach außen. Lassen Sie sich stufenweise über die Kante ab, damit Sie sich bei diesem Übergang nicht die Finger quetschen.

Vor dem Abseilen versichern Sie sich, daß das Seil bis nach unten hängt oder bis zu einem möglichen Standplatz. Bevor Sie das sorgfältig aufgeschossene Seil den Felsen hinunterwerfen, kontrollieren Sie es auf Krangel. Leider kommt es häufig zu Seilverwicklungen und diese müssen auf jeden Fall vor dem Abseilen entfernt werden. Niemals dürfen Sie sich über eine Verdrehung oder einen Knoten hinweg abseilen, in der Hoffnung, diese unten schon wieder lösen zu können. Falls sich der Knoten nicht entfernen läßt, müssen Sie zurückklettern, und das schafft allerhand Probleme. Machen Sie deutlich über dem offenkundigen Hindernis halt und sichern Sie das Abseilgerät, damit Sie beide Hände zur Arbeit am Seil frei haben.

Zur Sicherung am Seil gibt es verschiedene Möglichkeiten. Das nachfolgend beschriebene System kann zur Sicherung mit jeder Art Abseilgerät eingesetzt werden. Es reicht also, wenn Sie nur diese Methode in Ihrem Repertoire haben. Schlingen Sie das Bremsseil drei- oder viermal um Ihren Oberschenkel. Beachten Sie, daß Sie bei diesem Manöver das Seil keinesfalls loslassen und es weit oben am Bein sitzt. Nun müßten Sie eigentlich vor einem weiteren Abrutschen geschützt sein. Die Verwicklung im Seil kann jetzt mit beiden Händen entfernt werden.

Sicherung beim Abseilen

Beim Trainieren dieser Techniken tun Sie gut daran, wenn Sie sich bei Ihren ersten Versuchen mit einem eigenen Sicherungsseil sichern lassen. Das kann ein Gefährte unter Zuhilfenahme einer Seilbremse übernehmen. Der Gefährte muß ebenfalls gut gesichert sein und Ihr Körpergewicht halten könne. Bei Ihrer ersten wirklichen Begehung im Fels steht Ihnen kein separates Sicherungsseil zur Verfügung. Aber Sie können auch beim Abseilen eine Selbstsicherung anbringen. Die Illustration zeigt eine für diesen Zweck eingesetzte französische Prusikschlinge. Die Prusikschlinge wird über beide Seilstränge eingeknotet und die Enden in einen Schraubkarabiner eingehängt, der wiederum mit einer kurzen Schlinge am Gurt befestigt ist. Beim Abseilen führt die am Seil abwärts gleitende Hand die Prusikschlinge mit. Sollten Sie aus unerfindlichen Gründen beide Seile loslassen, hält der französische Prusikknoten durch seine Klemmwirkung eine weitere Abwärtsbewegung auf. Es ist lebenswichtig, daß zwei Faktoren beachtet werden.

1. Der an der Sicherungsschlinge angebrachte Knoten muß auf Armeslänge erreichbar sein.

2. Es müssen genügend Wicklungen in der Prusikschlinge sein, damit die Belastung gehalten wird.

Der französische Prusikknoten ist für diesen Zweck mit Abstand am besten geeignet, weil er auch unter Belastung leicht verschiebbar ist. Dieses Sicherungssystem ist ideal für den, der sich als Erster abseilt, besonders, wenn man das Gelände nicht kennt und nicht weiß, was auf einen zukommt.

Zur Sicherung der nachfolgenden Kletterer genügt es, das untere Ende des Seils zu halten. Wenn Sie merken, daß der Kletterer Schwierigkeiten oder gar die Kontrolle über das Seil verloren hat, ziehen Sie einfach am Seil. Damit halten Sie jede weitere Abwärtsbewegung auf. An diesen Aspekt der Abseilsicherung sollten Sie sich stets erinnern, wieviel Erfahrung Sie auch haben mögen.

Weitere Abseilmethoden

Der Abseilachter ist wohl das verbreiteste Abseilgerät, aber es hat einen großen Nachteil. Man kann ihn ausschließlich zum Abseilen benutzen. Spielt sein Gewicht beim Tragen keine besondere Rolle und erfordert der Abstieg häufiges Abseilen, lohnt es sich, den Abseilachter mitzunehmen. Dann müssen Sie eben in Kauf nehmen, daß er ansonsten nutzlos an Ihrer Materialschlaufe herumbaumelt. Die Seilbremse kann auch als Abseilhilfe eingesetzt werden. Sie hat allerdings die Neigung, relativ »ruckartig« zu reagieren, ist aber trotzdem sehr effektiv. Wenn man noch einen zusätzlichen Karabiner einhängt, ist ein sanfteres, gleichmäßigeres Abseilen möglich, weil dieser die lästige »Nebenwirkung« der Bremse reduziert. Noch eine Warnung: Wenn Sie sich an zwei Seilen unterschiedlicher Stärke oder unterschiedlicher Materialien abseilen, kann es vorkommen, daß ein Seil schneller durch die Seilbremse gleitet als das andere. Dann verrutscht das Seil am Fixpunkt und die Seilenden haben eine unterschiedliche Länge. Es kann folglich passieren, daß ein Seil bis nach unten reicht und das andere nicht. In einer solchen Situation kann ein weiteres Abseilen bis zum Seilende fatale Folgen haben, denn Ihr Gewicht hängt nur noch an einem Seil und der Druck auf den Fixpunkt verstärkt sich. Unternehmen Sie alles Erdenkliche, um niemals in diese Lage zu kommen. Wenn Sie die losen Seilenden mit einem festen Knoten verknüpfen, vermindern Sie die Chance eines Auseinandergleitens der Seilenden.

Karabinerbremsen

Eine Karabinerbremse hat den Vorteil, daß man Sie mit der normalen Ausrüstung eines Freikletterers herstellen

Karabinerbremsen

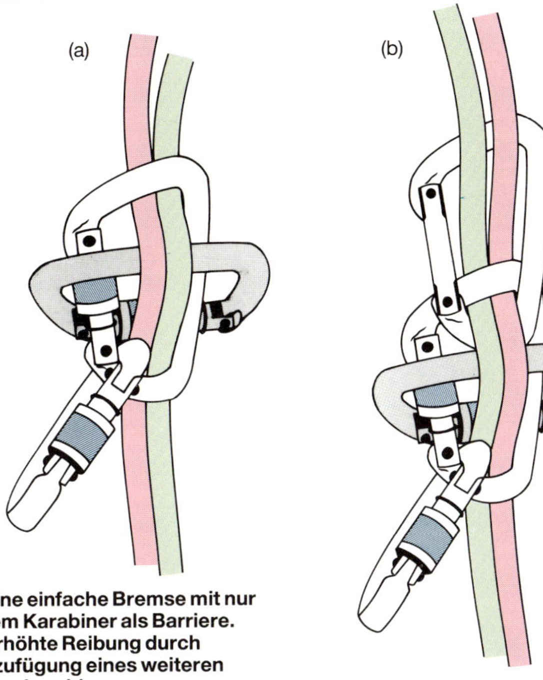

a) Eine einfache Bremse mit nur einem Karabiner als Barriere.
b) Erhöhte Reibung durch Hinzufügung eines weiteren Bremskarabiners.

kann. Dabei sind jedoch Fehler möglich.

Die Illustrationen zeigen eine einfache Bremse mit nur einem Karabiner als Bremsbarriere sowie eine einfache Methode mit erhöhter Reibung. Nehmen Sie für eine Karabinerbremse, wann immer möglich, Schraubkarabiner oder zwei gegenläufig angebrachte Schnappkarabiner, damit sich die Verschlüsse nach verschiedenen Seiten öffnen.

Oft führt man nur eine begrenzte Anzahl Schraubkarabiner mit sich, dann müssen zwei genügen. Mit einem Karabiner verlängern Sie die Schlaufe am Gurt, damit das Seil nicht am Gurt scheuert. Der andere stärkt den die Bremsbarriere bildenden Karabiner. Die Bremsbarriere selbst kann mit zwei gegenläufigen Schnappkarabinern gebildet werden.

Halbmastwurf

Auch der Halbmastwurf, diese in Kapitel 4 erwähnte Bremsschlinge, bietet sich als Abseilhilfe an. Leider verursacht der Halbmastwurf häufig eine problematische Krangelwirkung, die eine normale Handhabung des Seils unmöglich macht. Der Seilkern innerhalb des Seilmantels krangelt, und das Seil bringt nicht mehr die vom Hersteller garantierte Leistung. Es kann völlig unbrauchbar werden.

Beachten Sie beim Abseilen an einem fixierten Einfachseil mit dem Halbmastwurf, daß das ganze Seil frei hängt und auch das Seilende nicht aufliegt. Bei Doppelseilverwendung behandeln Sie die Seile wie ein Einfachseil und verknüpfen Sie mit einem einzigen Halbmastwurf. Knüpfen Sie in jedes der Seile einen Halbmastwurf, drehen sie sich umeinander und die Krangelwirkung wird noch verstärkt. Merken Sie sich, daß ein großer birnenförmiger Karabiner für einen Halbmastwurf bei weitem am besten geeignet ist.

Klassisches Abseilen

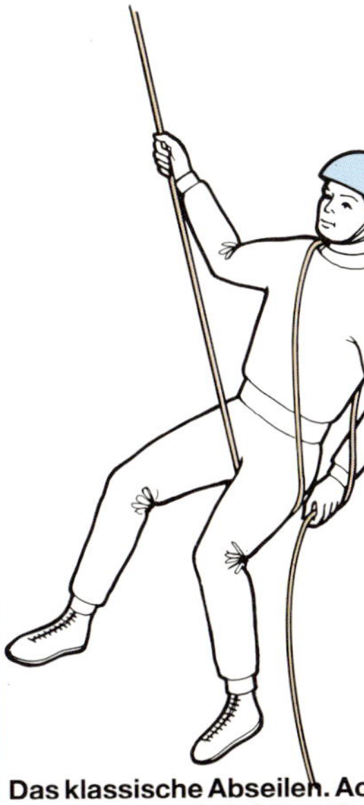

Das klassische Abseilen. Achten Sie bitte darauf, daß Ihre Kleidung ausreichend gepolstert ist.

Das klassische Abseilen

Auf das klassische Abseilen sollten Sie nur im Notfall zurückgreifen, sozusagen als letzte Möglichkeit, wenn Sie keine Ausrüstung zur Verfügung haben. Es ist ganz sicher nicht empfehlenswert, denn über längere Strecken ist es außerordentlich unangenehm. Im Grunde ist gepolsterte oder sehr strapazierfähige Kleidung Voraussetzung, besonderes Augenmerk muß auf den Schutz der Schulter und der Innenseite der Beine gerichtet werden. Bei freiem Abseilen ohne Felsberührung ist es ganz besonders anstrengend und nicht zuletzt schmerzhaft. Bei falscher Anwendung, und Fehler passieren bei dieser Methode schnell, sind die Konsequenzen verheerend. Im Prinzip sollte man sie nur mit Doppelseilen anwenden.

Beim klassischen Abseilen stehen Sie mit gespreizten Beinen über dem Seil und fassen mit der rechten Hand rückwärts nach unten. Nehmen Sie das Seil auf und führen Sie es quer über Ihre Brust, über den Kopf und die linke Schulter und nach unten über den Rücken in die rechte Hand (Linkshänder machen es genau umgekehrt). Die gewährleistete Reibung reicht aus, um leicht die Kontrolle über das Seil und die Abseilgeschwindigkeit zu behalten. Etwas bequemer geht es, wenn Sie sich leicht nach rechts drehen (Linkshänder nach links) und das Seil mit dem rechten Fuß führen. Bei der Überwindung eines Überhangs oder eines anderen Hindernisses führen Sie mit dem rechten Fuß (Linkshänder mit dem linken), sonst kann es passieren, daß das Seil auf der Innenseite der Beine um das Knie rutscht und Sie kopfüber nach unten gerissen werden.

Kapitel 6

Klettertraining

Für die im Gelände gesammelte Klettererfahrung gibt es keinen Ersatz und zur Steigerung Ihrer Kletterkünste trägt nur der Wunsch bei, immer schwierigere und anstrengendere Routen meistern zu wollen. Freiklettern ist nicht nur ein rein physischer Sport, es gehört auch eine einfühlsame mentale Annäherung dazu. Schiere Muskelkraft und rohe Gewalt reichen nicht aus. Die richtige Plazierung von Zwischensicherungen und die korrekte Seilarbeit sind eine Wissenschaft für sich. Dazu kommt natürlich noch der psychologische Aspekt: die Angst, die innere Unruhe, die Spannung, der Mißerfolg und der Erfolg. Diese wesentlichen Elemente machen geradezu süchtig nach diesem Sport. Jede Trainingsmethode deckt einen oder mehrere dieser Aspekte ab, aber das Klettern bietet sie alle.

Während der kalten, feuchten Wintermonate pausieren die Kletterer oft. Wenn dann die ersten Frühlingstage nahen und die Finger sich nach der Berührung des sonnenwarmen Felsens sehnen, sind sie mental und phy-

Unten links: Kraftakte werden unter den merkwürdigsten Bedingungen vollbracht. Bei einem Versagen der Kräfte bestünde die Strafe in diesem Fall in einem kalten Vollbad.

Unten: Mit die angenehmste Trainingsmethode ist das Bouldern. Probleme, die in 30 Meter Höhe nur schwer zu lösen wären, können knapp über dem Boden angepackt werden, ohne daß man sich um Seile und sonstige Ausrüstungsgegenstände kümmern muß.

sisch nicht vorbereitet. Zu Saisonbeginn müssen Sie folglich Ihren Leistungsstand prüfen. Sie dürfen nicht erwarten, daß Sie ganz selbstverständlich da weitermachen, wo Sie im Herbst aufgehört haben. Es ist schon eine sehr deprimierende Erfahrung, wenn man die erste Klettertour des Jahres macht und aufgrund mangelnder Vorbereitung erbärmlich versagt. An erster Stelle steht die richtige Einstellung zum Felsklettern und die Wiederentdeckung der damit verbundenen Freude. Ein positives Erlebnis fördert automatisch den Wunsch, zu klettern, und mit zunehmender körperlicher Leistungsfähigkeit klettert man letzten Endes auch besser. Nicht jeder ist der geborene Kletterer, aber mit Hilfe sorgfältiger Vorbereitung könnten tausende gute Kletterer werden.

Ein spezielles Trainingsangebot für Kletterer existiert noch nicht allzulange – andererseits wäre es auch falsch zu behaupten, daß sich Kletterer erst seit kurzem mit einem adäquaten Training befassen. Geändert hat sich allerdings die Einstellung zum Training. Dieser Wandel fand Mitte der 70er Jahre statt. Zuvor trainierte man auf Bouldern, Brücken, Gebäuden, kümmerte sich intensiv um ein Muskelaufbau- und Beweglichkeitstraining. Die Übungen dienten hauptsächlich zum Beweis der eigenen Leistungsstärke. All das sind auch heute noch ebenso wichtige Bestandteile des Trainingsprogramms wie das Klettern im Fels selbst. Aber zusätzlich hat man von der etablierten Elite und den kommenden jungen Kletterstars unserer Tage

ein ehrgeiziges Ziel übernommen. Angespornt durch Medienberichte in einschlägigen Hochglanzmagazinen und die reelle Chance, unter den Herstellern einen Sponsor zu finden, findet ein regelrechter Wettbewerb statt, wer denn nun der »Beste« ist. Vor zehn Jahren dauerte es lange, bis die schwierigsten Routen ein zweites Mal begangen wurden; heute kann man froh sein, wenn eine Erstbegehung einen Tag Bestand hat.

Kletterwände

Die Einstellung »Nur-Orangensaft-und-vier-Abende-in-der-Woche-trainieren-in-der-Wand« aus der Mitte der 70er Jahre ist auch heute noch weit verbreitet, aber es ist erfrischend, daß man hin und wieder einen Kletterer auch einmal Bier statt Orangensaft trinken sieht. Allerdings macht er das nur, wenn er dafür, sozusagen zur Buße, einen fünften oder sechsten Abend an der Wand oder in der Turnhalle zubringt. Wieviel ein Training an der Kletterwand bringen kann, verdeutlicht eine Episode aus der Geschichte des britischen Klettersports. Mitte der 70er Jahre wurde an der Universität Leeds eine Trainingskletterwand eingerichtet. Nach heutigem Standard bot sie keine außergewöhnlichen Schwierigkeiten, aber ausreichende Übungsmöglichkeiten. An dieser Wand verblüffte ein Mensch die Protagonisten des Sports mit seinen Leistungen. Nach einem Winter Klettertraining an der Wand ging er hinaus in den Fels, kletterte wiederholt

Oben: Während der langen, kalten und feuchten Wintermonate bieten Kletterwände in der Halle ideale Trainingsmöglichkeiten.

Rechts: Bouldern. Nehmen Sie einen Gefährten mit, der Sie nicht aus den Augen läßt, für den Fall, daß Sie stürzen.

schwierigste Routen und wählte immer noch größere Schwierigkeitsgrade aus. Das Bemerkenswerteste daran ist, daß dieser Mann zuvor noch niemals geklettert ist. Leider ist eine für Anfänger geeignete Wand nicht immer auf das Training der Könner abgestimmt.

Manche Kletterwände erlauben auch ein Klettern mit Seil, aber die meisten Kletterer, die an Wänden trainieren, verzichten darauf und benutzen nur Kletterschuhe und Kreidesäckchen. Einen Anfänger können beim Training in einer ganzen Gruppe von Kletterern merkwürdige Empfindungen befallen. Häufig verbringen die Trainierenden nämlich ganze Abende mit der Lösung eines Problems, das sich in der Natur draußen kaum einmal stellt; haben sie es endlich geschafft, fangen sie wieder von vorne an. Dabei verzichten sie eventuell dann auf einen bestimmten Griff, damit das Ganze etwas schwieriger wird. Auf dem Papier hört sich das sehr seltsam an, aber solche Herausforderungen werden mit großer Begeisterung in Angriff genommen. Manche gehen ganz wissenschaftlich an dieses Unternehmen heran und versuchen eine kreisartige Begehung mit Quergängen ohne Bodenberührung. Der gekletterte Kreis beinhaltet eine große Vielfalt an Bewegungsabläufen, Griffen, Tritten und Rastpositionen. Dies ist vielleicht die effektivste Trainingsmethode, weil dabei die Kraft, die Ausdauer und die Muskeldauerleistung gefördert werden. Manchmal befinden sich Quergänge nur ein paar Zentimeter über dem Boden und sind deshalb für großgewachsene Menschen unmöglich auszuführen, besonders, wenn sich der einzig brauchbare Griff noch weit unten befindet.

Bouldern

Bouldern ist schon sehr viel befriedigender, für einige ist es das Ziel an sich. Nichts bereitet mehr Vergnügen und verschafft mehr Befriedigung, als das Klettern an Felsblöcken auf saftigen Wiesen. Dort kann man sich an Schwierigkeiten heranwagen, die im Grunde die eigenen Fähigkeiten übersteigen, denn die Verletzungsgefahr ist äußerst gering. Ein Erfolg beim Bouldern kann entscheidenden Einfluß auf Ihre Einstellung zum Klettern haben. Wir entdeckten zum Beispiel vor einigen Jahren an einem Boulder ein durch die Beschaffenheit des Felsens bedingtes Problem, das sich uns auf diese Weise noch nie gestellt hatte. Es war klar, daß wir den Fehdehandschuh aufnehmen würden. Das Problem bestand darin, aus einer prekären Gleichgewichtsposition heraus über einen leichten Überhang zu einem außer Sicht liegenden Griff auf der anderen Seite zu gelangen. Dazwischen befand sich leider nur ein winziger, sich über die gesamte Länge erstreckender Fingerriß. Nach einer Stunde waren wir der Lösung dieses Problems noch kein Stückchen nähergekommen. Es irritierte uns, daß wir nicht imstande waren, eine solch trivial erscheinende Schwierigkeit zu meistern, noch dazu nicht mehr als einen Meter über dem Boden. Nach dem Mittagessen, einem Gespräch, einigem Nachdenken und zwei muskelschmerzende, fingerschürfende Stunden später, brachte unsere Entschlossenheit uns ans Ziel. Inzwischen ist uns die Bewegungsabfolge in Fleisch und Blut übergegangen, und wir benutzen diese Stelle als idealen Test für unvorsichtige Besucher.

Am meisten profitiert man vom gemeinsamen Bouldern mit einigen Freunden, besonders, wenn alle einen vergleichbaren Leistungsstandard haben. Dann wird ein richtiger Wettkampf daraus, auf eine freundliche Art natürlich, und dieses Geplänkel hilft jedem weiter. Interessant ist, wie dabei ungeschriebene Regeln zustandekommen. Wenn Sie zum Beispiel einen mißlungenen Versuch hatten und gestürzt sind, müssen Sie sich wieder als Letzter in der Schlange anstellen und warten, bis Sie erneut an die Reihe kommen. Irgend jemand kommt ein wenig weiter hinauf als die anderen, und dieses Beispiel spornt alle zu noch hartnäckigeren Bemühungen an. So meistert man schließlich mögliche Schwierigkeiten. Natürlich gibt es nicht immer nur einen einzigen Lösungsweg. Jeder Kletterer bewältigt einen bestimmten Routenabschnitt auf seine ureigenste Art, je nach Kraft, Technik, Beweglichkeit und Größe. Manche Probleme sind von kleingewachsenen Menschen unmöglich zu lösen, weil sie einfach nicht an die Griffe heranreichen. Sollte das der Fall sein, stellen Sie Ihre vergeblichen Anstrengungen ein und verlassen Sie den Schauplatz, oder perfektionieren Sie die »Dyno«-Technik.

Eine sehr schwierige Route erfordert viel Kraft, Kondition und Technik. Das notwendige Können und die Nervenstärke zur kontinuierlichen Bewältigung steiler oder überhängender Felsen mit den Fingerspitzen kann nur durch Praxis erreicht werden.

Häuser und andere Bauwerke

Der Einfallsreichtum der Kletterer kennt keine Grenzen. In den merkwürdigsten Situationen wird trainiert: Hochziehen an Türstöcken, Quergänge an Ziegelmauern; Mantletechnik an Fenstersimsen. Burgen, Eisenbahnbrücken, jedes Bauwerk bietet Trainingsmöglichkeiten. Das war früher so und wird wohl auch in Zukunft nicht anders sein. Aber holen Sie sich stets vorher vom Eigentümer die Erlaubnis.

Bestimmte Trainingsanforderungen

Sofern Sie nicht für Furore in der Kletterwelt sorgen möchten, ist ein zu intensives Training nicht notwendig. Aber zweifellos fördert das Training Ihre Leistungsfähigkeit in jeder Hinsicht. Da nur das Klettern sämtliche Aspekte auf einmal abdeckt, muß der Trainingsplan alle die verschiedenen Elemente berücksichtigen. Ganz allgemein kann man die folgenden Kriterien aufstellen:
1. Körperliche Fitneß und Ausdauer.
2. Kraft und Beweglichkeit
3. Geschicklichkeit und Einstellung.

Körperliche Fitneß und Ausdauer

Lange, strapaziöse Routen überstehen Sie nur, wenn Herz und Kreislauf gesund sind. Geradezu ideal sind konditionsfördernde Aktivitäten wie Joggen oder Radfahren. Wer systematischer an das Training herangehen will, sollte regelmäßig leichte Gewichte heben und/oder nicht allzu anstrengende Quergänge an einer Übungswand mit periodischen Erholungspausen machen. Grundsätzlich ist alles, was Sie anstrengt und außer Atem bringt, ein gutes Training.

Kraft und Beweglichkeit

Kraft stärkt das Vertrauen in Ihre Leistungsfähigkeit. Die Kräftigung des Oberkörpers sollte zur Vermeidung von Sehnen- und Muskelverletzungen fast wissenschaftlich betrieben werden. Besondere Vorsicht erfordert die Stärkung Ihrer Finger, denn die Fingergelenke und -sehnen sind sehr empfindlich und neigen ganz besonders zu langandauernden Schädigungen. Sorgfältiges Aufwärmen ist der Schlüssel zum Erfolg. Zum Klettern benötigen Sie kaum »Bärenkräfte«, bauen Sie deshalb die Muskelleistung mit »progressivem Belastungstraining« (stufenweise steigender Belastungsarbeit) auf. Beweglichkeit oder Wendigkeit kann eine entscheidende Rolle spielen. Zwar verfügen die besten Kletterer über eine gewisse natürliche Beweglichkeit, aber Stretching-Training kann diese nur verbessern. Um es noch einmal zu betonen, Aufwärmen ist besonders wichtig, und bevor man mit dem Stretching beginnt, ist mindestens eine zwanzig-

Klettern an Gebäuden ist eine uralte Form des Trainings. Holen Sie aber zuvor unbedingt die Erlaubnis des Besitzers ein.

minütige Aufwärmphase notwendig. Manche Menschen betreiben zur Steigerung ihrer Flexibilität Yoga.

Geschicklichkeit und Einstellung.

Geschicklichkeit erreicht man nur mit Praxis, deshalb ist das beste Training das Klettern an sich, an Wänden, Bouldern oder überall da, wo ähnliche Bewegungsabläufe erforderlich sind. Die Ausarbeitung der Bewegungsabläufe kann zu einer Wissenschaft für sich werden. Zum Beispiel erfordert eine bestimmte Problemstellung einen ganz bestimmten Griff auf eine ganz bestimmte Weise. Dazu bedarf es einer sorgfältigen Planung und Überlegung der Bewegungsabfolgen.

Eine zentrale Bedeutung kommt der Einstellung zu. Der Wunsch zum Erfolg und die Motivation zum Klettern stehen an erster Stelle. Wenn es für Sie zweifelsfrei feststeht, daß Sie unbedingt klettern wollen, müssen Sie sich mental auf dieses Unternehmen vorbereiten. Informieren Sie sich über die Routen, sprechen Sie mit Kletterern, studieren Sie die einzelnen Routen gründlich. Gehen Sie eine Route in Gedanken durch, und fangen Sie das Klettern mit Selbstvertrauen und dem Vorsatz an, zumindest Ihr Bestes zu geben. Auf dem Fels erleben Sie mit Sicherheit die widersprüchlichsten Emotionen wie Besorgnis, Hochstimmung, Angst, Momente der Ruhe, der Wut, Frustration und, hoffentlich, ein Gefühl der Vollendung. Diese unterschiedlichen Emotionen zu kontrollieren, erfordert beträchtliche Anstrengung. Lassen Sie Ihren Gefühlen freien Lauf, beeinträchtigen Sie Ihre Leistung. Angesichts unkontrollierter Angst schwinden Kraft und Geschicklichkeit rasch. Letztendlich führt das zu entscheidenden Fehlern beim Klettern.

Beobachten, Nachdenken, Nacheifern

Es gibt tausende »guter« Kletterer, das heißt Menschen, die sich darauf vorbereitet haben, sich für eine Zielerreichung entsprechend anzustrengen. Wie in allen anderen Sportarten auch, sind das die besten Vorbilder. Es macht Spaß, diesen Kletterern zuzusehen, wie sie scheinbar mühelos einen Felsen bezwingen, den Sie zuvor nur als nervliches Wrack verlassen haben. Jeder Kletterer hat seinen charakteristischen Stil, entweder das Klettern an sich betreffend oder die mentale Annäherung. Beobachten Sie diese Leute; versuchen Sie sich vorzustellen, wie man sich bei der Ausführung dieser Bewegungen fühlt und eifern Sie ihnen nach.

Kapitel 7

Klettergebiete

Zum Glück für die Kletterer mangelt es nicht an Möglichkeiten zum Felsklettern auf der ganzen Welt: Kalksteinschluchten; Sandsteinfelsen; Steilwände aus rauhem, rotem Sandstein; niedrige, abgerundete Boulder in Fontainebleau, Frankreich; hohe, zackige Felstürme in den italienischen Dolomiten, riesige Steilwände im Yosemite Valley, in Romsdal und, vielleicht die mächtigsten von allen, die Baltoro Cathedrals im Himalaya. Und wo immer es einen Felsen gibt, wird geklettert. Es ist völlig unmöglich, einen Führer über die Klettergebiete der ganzen Welt in dieses Buch aufzunehmen, aber zur Appetitanregung nachfolgend ein nach Ländern geordneter kurzer Überblick über einige der schönsten Klettergebiete.

Britische Inseln

Großbritannien ist aufgrund seiner geologischen Beschaffenheit auf engem Raum mit Klettergebieten der verschiedensten Schwierigkeitsgrade gesegnet.

Die Klippen an der Nord- und Südküste Devons sind zum Beispiel ein Eldorado für Kletterer; zu den spekta-

kulärsten gehören wohl Baggy Point im Norden und Berry Head im Süden. Auch im Landesinnern gibt es Möglichkeiten zum Freiklettern, so auf den Vulkanfelsen in Dewerstone, auf den Felstürmen bei Dartmoor und auf dem weißen Kalkstein am Chudleigh in der Nähe von Exeter.

Weiter im Norden, in Derbyshire, Lancashire und Yorkshire – manche nennen diese Region das Herz der britischen Kletterei – warten herrliche Kalkstein- und Sandsteinfelsen auf die Kletterer. Einige sind kaum mehr als kleine Erhebungen, aber für manche verkörpern sie die ganze Kletterseeligkeit der Welt. Global betrachtet, sind ein paar sicher von Bedeutung. Auf Felsen wie dem High Tor, dem Millstone und dem Stanage fanden

Unten: »Great Western«, eine extrem schwierige Route in den Chudleigh Rocks, Devon.

Nächste Seite: »A Dream of White Horses«, eine Küstenklippe am Gogarth, Nordwales.

Übernächste Seite: Die Route »Debauchery« am High Tor in Matlock, Derbyshire.

zum Teil aufsehenerregende Entwicklungen in der Kletterei statt.

Im Westen des sogenannten Peak District trifft man auf die typischen, deshalb jedoch nicht weniger bedeutenden Felsformationen von Wales, im Süden auf die Küstenklippen von Pembrokeshire, im Norden auf mitten im unwegsamen Gebirge oder auch direkt an Straßen liegende Felsen sowie auf die weltberühmten Klippen von Gogarth. Clogwyn du'r Arddu ist ein geschichtsträchtiger, mitten im Gebirge liegender Fels, um den sich viele Anekdoten ranken; die Felsen am Llanberis Pass und die klassischen Kletterrouten im Ogwen Valley zählen ebenfalls zu den Orten, wo sich viele berühmte Namen ihren Ruf erworben und denen sie ihren unauslöschlichen Stempel aufgedrückt haben.

Der Lake District im Nordwesten, das Land von Wordsworth, ist untrennbar mit den Namen früher Pioniere wie O. G. Jones und den Brüdern Abraham verbunden. Mächtige, abgelegene Felsen in den Gebirgen des Scafell und Gable sind die Domäne der Raben und abgehärteten Bergsteiger, während in den leichter zugänglichen Tälern von Borrowdale und Langdale die Freikletterer ihren Sport in Straßennähe oder über auf Fußwegen gut erreichbaren Felsen ausüben können.

Die Felsen Schottlands gehören zu den beeindruckendsten Großbritanniens. Eine unendliche Vielfalt, von Felssäulen im Meer und Küstenklippen bis zu den über 300-Meter-Routen am Ben Nevis, dem höchsten Gipfel Großbritanniens, wird dem Kletterer hier geboten. Wer am liebsten direkt neben der Straße klettert, dessen Erwartungen erfüllen sich hier kaum, aber wer einen Sinn für Abenteuer und etwas Bergsteigererfahrung besitzt, kommt voll auf seine Kosten.

Die bedeutendsten Felsen Schottlands sind der Carn Dearg am Ben Nevis und der Carnmore am Loch Maree im wilden, unzugänglichen Nordwesten des Landes. Entweder erreicht man sie nach einer ausgiebigen Wanderung oder nach einer kurzen Kanufahrt und einem nicht ganz so langen Fußmarsch. Für alle Mühen

Ganz links: Die Napes Needle. Hier fing 1886 alles an.

Links: »Valkyrie«, eine klassische extrem schwierige Route auf Sandstein am Froggat Edge, Derbyshire.

wird man mit phantastischen Kletterbedingungen auf großartigem Fels in herrlicher Umgebung belohnt – eine Fünf-Sterne-Expedition.

Im rauhen Cairngorm-Massiv erhebt sich der ungefähr 275 Meter hohe Shelterstone Crag imposant über den einsamen Loch Avon. Weitere hervorragende Klettermöglichkeiten im Hochland bieten der Glencoe an der Westküste, wo Bastionen wie die Rannoch Wall am Buchaille Etive Mor und die Westseite des Aonach Dubh die Aufmerksamkeit fesseln. Nicht allzu weit davon entfernt, bei Fort William, liegen die Poldubh Felsen, die inzwischen zu einem Treffpunkt der Kletterszene geworden sind. Die höchsten Felsen im schottischen Hochland findet man jedoch in Craig am Dubh Loch, wo Routen über 300 Meter nichts Außergewöhnliches sind. Am St. Johns Head auf den Orkney-Inseln weit im Norden erhebt sich ein Fels über 350 Meter direkt aus dem Meer. Leider hat dieser erhabene Fels brüchigen Untergrund.

Bessere Kletterbedingungen findet man am benachbarten Felsturm des Old Man of Hoy, dem eindrucksvollsten aller im Meer aufragenden Felstürme Schottlands – ein sehr lohnender Ausflug. Am Old Man of Hoy wird man mit sämtlichen Problemen konfrontiert, die sich beim Klippenklettern ergeben; dazu gehören die schwierige Zugänglichkeit, die Gezeiten, der Rückzug und räuberische Seevögel – der Eissturmvogel ist so ziemlich der letzte, dem ein Kletterer begegnen will.

Beim Klettern auf einer Klippe müssen Sie sorgfältig auf die Gezeiten achten. Bei Flut kann es schwierig oder sogar unmöglich werden, zum Ausgangspunkt zurückzukehren. Wenn Sie sich einmal auf der Route befinden, hat auch ein möglicher Rückzug seine Tücken. Es kann schon aufregend sein, bis an die Grenze Ihrer Leistungsfähigkeit zu klettern, wenn das dunkle, unergründliche Meer nach Ihren Füßen schnappt, aber es ist nicht unbedingt ein empfehlenswerter Weg, um sich an der Atmosphäre des Klippenkletterns zu erfreuen.

Die salzhaltige Luft richtet an den Ausrüstungsgegenständen aus Metall Zerstörungen an – etwa an Karabinern und Klemmkeilen. Nach jedem zwei-

»Ardverikie Wall«, eine herrliche Route in malerischer schottischer Landschaft.

Links: Idyllische Abendstimmung in Pembrokeshire, Wales. Die Kletterer gehen die »Richochet«-Route am St. Govan's Head.

Unten: Die Verdonschlucht in Südfrankreich. Ein Kletterparadies: lange, heiße Tage; phantastischer, fester Kalkstein und 300-Meter-Routen.

ten oder dritten Besuch sollten Sie diese Hardware in klarem Wasser auswaschen. Falls Sie das Pech haben, mitsamt Ihrer Ausrüstung ins Meer zu fallen, dann ist ein gründliches Süßwasserbad angebracht.

Europa

Viele Kletterer vertreten die Meinung, Frankreich besitze die besten, jedenfalls wohl die bekanntesten Kletterfelsen Europas. Die Bandbreite reicht vom prächtigen Kalkstein des Vercors in der Nähe von Grenoble und der Verdonschlucht nicht weit vom Mittelmeer bis zu den niedrigen, runden Bouldern in Fontainebleau bei Paris. Dazwischen liegen die Alpen. Dort gibt es hervorragende Freiklettergebiete, die zu erreichen allerdings auch etwas Geschick als Bergsteiger vor-

Links: Jon de Montjoye als Seilerster auf der »Sidermek«-Route, Schwierigkeitsgrad 6 c, im Gebiet Frimes et Chatiments.

Oben: Die »Symphonie d'Autumn«, eine Route auf kompaktem Kalkstein in der Nähe von Briançon, Frankreich.

Nächste Seite: Jon de Montjoye als Zweiter auf der schwierigsten Seillänge der Route »La Crysalis«, Schwierigkeitsgrad 8 a.

aussetzen, denn Gletscher und Schneefelder müssen überquert werden. Das ist ganz sicher keine Gegend für jedermann!

Der Vercors und die Verdonschlucht bieten phantastische Klettermöglichkeiten. Hier findet der Kletterer hoch aufragende, steile, bis zu 500 Meter lange Kalksteinwände. Das Klima ist in der Verdonschlucht fast das ganze Jahr über sehr gut, aber die Winter können kalt und schneereich sein, und die Sommerhitze steigt gelegentlich bis auf 40°C! Bei einer so unerträglichen Hitze sollten Sie lieber schwimmen gehen oder sonnenbaden.

Der richtige »Felsfreak« findet den vielleicht besten aller Kletterfelsen in Buoux, dazu Sonne, Wiesen, Weinberge und den rauhesten, härtesten Kalkstein – ein Kletterparadies. In den Alpenregionen dominiert der Granit, eine besonders edle Gattung bereichert die Umgebung von Chamonix, den Mont Blanc. Seine grobe, rauhe

Struktur und die leuchtend orangegelbe Farbe macht das Klettern dort zur reinen Freude. Zu Recht populär bei Besuchern aus aller Welt wurde auch das Klettergebiet auf der Südseite des Aiguille du Midi. Leider ist es vom Tal aus nur ein Katzensprung mit der Seilbahn, und – obgleich man Steigeisen und Eispickel bis zum Ausgangspunkt der Routen braucht – man muß früh aufstehen, wenn man dem Massenansturm entgehen will.

Weiter im Norden Frankreichs liegt der einstmals sehr beliebte Kalksteinfelsen von Saussois. Heute haben die Boulder von Fontainebleau größere Bedeutung. In dem Waldgebiet nahe Paris trifft man fast unvermeidlich auf verstreut liegende, kaum mehr als fünf Meter hohe Boulder unterschiedlichster Größe. Es ist eines der bedeutendsten und meist geschätzten Bouldergebiete der Welt und wird von den Pariser Kletterern häufig frequentiert. Auf diesen Bouldern gilt es, viele Schwierigkeiten zu meistern. Man muß schon ein gut vorbereiteter und gewandter Kletterer sein, um mit allen Problemen gleich beim ersten Besuch fertigzuwerden.

Spanien gewinnt zunehmend an Beliebtheit. Es gilt als gewaltiges Kletterparadies, in dem es noch viele Felsen zu entdecken gibt. Sind Spaniens bislang noch verborgene Schätze erst einmal entdeckt, könnte dieses Land zum bevorzugten Ziel der Felskletterer werden. Zahlreiche bedeutende Klettergebiete liegen nicht weit entfernt von der Costa del Sol.

Felsen wie der Montanejos und der Pénon d'Ifach bei Calpe bieten erstklassige Klettervoraussetzungen auf hervorragendem Kalkstein. Nicht weit von dem für seine Stierkämpfe berüchtigten Pamplona sind die Felsen von Echauri und weiter im Norden die Picos de Europa, die älteste und vielleicht bekannteste Kletterregion.

Überall in Norwegen stößt man auf riesige Granitwände und -platten – viele von ihnen wurden noch nie begangen. Vermutlich ist die Trollwand die bekannteste oder die berüchtigste, das kommt auf den Standpunkt an.

Die Kalksteinfelsen der italienischen Dolomiten sind zwar nicht sehr

Malcolm Campbell bei der Begehung einer erst kürzlich für die Felskletterei entdeckten Wand unterhalb der Region Mirroir de Fou. Route unbekannt; Schwierigkeitsgrad 6c.

fest, bieten aber dennoch eine einzigartige Klettererfahrung.

In Sachsen, der Tschechoslowakei und in Jugoslawien gibt es eine reiche Auswahl an Sandsteinfelsen und -türmen.

Nordamerika

Wie man es von einem so großen Land erwarten kann, nehmen die Vereinigten Staaten eine Ausnahmestellung unter den Klettergebieten ein. Einige sind mit Recht weltberühmt. Von manchen wird sogar behauptet, es wären die besten Felsen der Welt. Am bekanntesten ist wohl das Yosemite Valley in Kalifornien mit seinen bis zu 1000 Meter hohen Granitwänden. Andere Klettergebiete stehen dem Yosemite allerdings in nichts nach: Joshua Tree; Boulder, Colorado; Red Rocks, Las Vegas; Squamish Chief im kanadischen Vancouver; Shawangunks weiter im Osten; Cathedral, Whitehorse und Cannon in New Hampshire. In den Wüsten von Utah kann man großartige Routen auf Sandstein in Schluchten, auf Türmen und abgelegenen Einzelfelsen begehen. Gele-

genheit zu mehrtägigen Touren gibt es im Überfluß im Black Canyon des Gunnison, der für sich in Anspruch nimmt, das größte und beste Klettergebiet der Welt zu sein.

»Big Walls« bereiten nicht nur dem uneingeweihten Anfänger, sondern auch dem erfahrenen Kletterer einige Schwierigkeiten. Die Begehung des Granitmonolithen El Capitan im Yose-

Unten: Das Yosemite Valley in all seiner Großartigkeit. Der mächtige Monolith auf der linken Seite ist der El Capitan, Heimat der herrlichsten und schwierigsten Freikletterrouten. Klassische Routen auf hartem Granit erstrecken sich hier kilometerweit über die Felsen.

Übernächste Seite: Middle Cathedral, eine majestätische, 2000 Fuß aufragende Bastion im Yosemite Valley, Kalifornien.

Nächste Seite: Eine Tiroler-Überquerung vom Lost Arrow Spire im Yosemite, Kalifornien.

mite Valley kann von zwei guten Kletterern mit leichtem Gepäck in zwei Tagen geschafft werden. Andere Teams brauchen selbst unter besten Wetterbedingungen vier bis fünf Tage. Auf solchen Klettertouren genügt es nicht, nur ein guter Kletterer zu sein. Geschickte Seilarbeit, guter Orientierungssinn und eine überlegte und kontrollierte mentale Annäherung sind für eine erfolgreiche Begehung unerläßliche Voraussetzungen.

Es ist immer eine schwere Entscheidung, ob man eine schnelle, mit wenig Gepäck belastete Big Wall-Begehung in Angriff nehmen soll oder nicht. Einerseits können Sie sich völlig auf die Kletterei konzentrieren und nur das unbedingt Nötigste mitnehmen – Kletterausrüstung, etwas Proviant und Wasser. Leicht bepackt ist schnelleres Klettern möglich, aber im Falle eines Wettersturzes oder beim Abkommen von der Route erleben Sie ein »Drama« und eine sehr ungemütliche Nacht im Freien. Nimmt man andererseits zu viel Ausrüstung mit, Proviant und Wasser, zusätzliche Kleidung und einen Biwaksack, ist man vielleicht unnötig lange unterwegs, und die meiste Zeit verbringen Sie damit, einen riesigen Sack mit Ausrüstung über die Felsen zu schleppen – eine sehr unerfreuliche Erfahrung!

Im Rahmen dieses Buches können wir nicht detailliert auf die Techniken für eine Big Wall-Begehung eingehen, aber Sie finden entsprechende Veröffentlichungen unter den Literaturhinweisen.

Australien und Neuseeland

Manche Australier halten die Arapiles für das beste Klettergebiet der Welt. Tatsächlich gibt es dort großartige Felsen und ständigen Sonnenschein. Aber es ist ganz sicher nicht das einzige Kletterparadies Australiens. Nicht weit von den Arapiles liegt die Gebirgskette des Grampian mit unendlich vielen klassischen Kletterrouten. Der rauhe und einschüchternde Granitfelsen des Mount Buffalo gewährleistet eine Erholungspause von der sengenden Sommerhitze in den Arapiles. Gleich vor den Toren Canberras kann man auf den Booroomba-Felsen

Ganz links: Bill Wayman beim Klettern der »Triples«-Route, Seneca Rocks, USA.

Links: Bill Wayman bei der Begehung des Colorado Rock in den USA.

klettern und weiter im Norden auf den Küstenklippen in der Nähe von Sydney und ein wenig weiter in den Blue Mountains. Im Flinders Range, genau nördlich von Adelaide in Südaustralien, liegt der Moonarie, der mit den Arapiles um den Titel »Bestes Felsklettergebiet der Welt« wetteifert.

Neuseeland ist eher ein Land für Bergsteiger als für Freikletterer, aber das heißt nicht, daß das Land keine geeigneten Kletterregionen zu bieten hätte. Im tiefen Süden der Südinsel gibt es die herrlichen Granitfelsen der Darran Mountains und in der Region des Mount Cook gute Routen, wenn auch auf lockerem Gestein, auf Gipfeln wie dem Malte Brun und Mount Walter. Der eilige Kletterer kann sofort die Steilwände in der Nähe des Flughafens angehen oder den Castle Rock, der nur ein paar Autostunden entfernt in der Nähe von Christchurch liegt.

Das bei weitem bedeutendste Klettergebiet der Nordinsel ist die Whanganui Bay am Ufer des herrlichen und malerischen Lake Taupo. Die Routen sind zwar kurz, bieten aber reizvolle und gute Kletterbedingungen und eine Menge Sonnenschein das ganze Jahr über.

Weitere Klettergebiete der Welt

Wie schon gesagt, Felsen zum Klettern gibt es auf der ganzen Welt. Die nachfolgend aufgeführten sind nur repräsentativ für die Gebiete, die wir, wohl oder übel, bisher ausgelassen haben; der Tafelberg in Südafrika; die schönen Felswände des Mount Ke-

Rechts: »Birdman«, eine Route mit Schwierigkeitsgrad 23 in den Arapiles, Australien. Dieser Fels zählt zu den bedeutendsten der Welt. Hier wurde viel zur Anhebung des Kletterstandards beigetragen.

Unten: Das breite Grinsen sagt alles! Die Route »Sayonara« in Whanganui Bay auf der Nordinsel Neuseelands wird im Führer als »herrlicher Handriß« beschrieben und gehört zu den dutzenden großartigen Routen auf diesem prächtigen Tummelplatz der Freikletterer.

nya; die Sandsteinjuwelen in Jordaniens Wadi Tame; die vielen Felsen in Japan; die wenigen in Hongkong; die hunderte von Metern langen schwarzen Graniterhebungen vom Dschungel bis zum Gipfel des Kinabalu auf Borneo; die griechischen Felsen; die maltesischen Felsen, Baffin Island und der Baltoro-Felsen; Felsen über Felsen: alle zum Klettern.

Den »idealen Kletterfelsen« gibt es nicht, obgleich von den Sedimentfelsen gewöhnlich der Kalkstein gute Routen erlaubt. Kalksteinliebhaber werden Ihnen mit Überzeugung versichern, das wäre der beste Kletterfels. Aber die Liebhaber des Sandsteins im Peak District in Derbyshire behaupten dasselbe von ihrem Fels, und ganz sicher sind auf Sandstein schöne Routen möglich. Auch Urgestein eignet sich: Granit und Gabbro zum Beispiel sind hervorragend für lange Routen. Alle in diesem Buch beschriebenen Techniken lassen sich auf jeder Gesteinsart anwenden, wenn auch der Kletterstil jeweils etwas angepaßt werden muß. Könner der Rißtechnik bevorzugen zum Beispiel Sandstein; auf Kalkstein sind kräftige Finger von Vorteil; auf den Granitplatten des Apron-Gletschers im Yosemite Valley ist ein langer Hals von Nutzen. Die Vielfalt der Beschaffenheit, Größe, Oberflächenstruktur und Form, und die Anpassung und Abwandlung der Klettertechnik je nach Erfordernissen, macht fast süchtig nach diesem verzehrenden Sport. Viele Kletterer sind damit zufrieden, ihr Leben lang die Felsen ihres Heimatlandes zu erkunden. Die meisten Länder haben genügend Felsen, um darauf Jahrzehnte zuzubringen. Wer allerdings größere Ambitionen hat, sollte Erfahrungen auf der ganzen Welt sammeln.

Rechts: Freiklettern am Moonarie, Südaustralien.

Ganz rechts: »Hangman«, eine Route mit Schwierigkeitsgrad 19 am Castle Rock in der Nähe von Christchurch, Neuseeland.

Kapitel 8

Führerbücher und Bewertungssysteme

Jeder Anfänger wird mit dem Problem konfrontiert, herauszufinden, wo sich der nächstgelegene Fels befindet, und anschließend muß er die genauen Routen auskundschaften. Am besten erkundigen Sie sich in Ihrem Sportgeschäft am Ort oder schreiben Sie – Deutschland betreffend – an den Deutschen Alpenverein, der Ihnen unter anderem auch Einzelheiten über einen Kletterverein in der Nähe Ihres Wohnortes mitteilen kann, sofern Sie Interesse an einer Mitgliedschaft haben. Ein Verein ist die beste Gelegenheit, um Klettergefährten kennenzulernen und darüber hinaus eine Quelle umfassender Informationen bei geselligem Zusammensein. Wenn Sie die monatlich erscheinenden Fachzeitschriften durchblättern, erweitern Sie Ihre allgemeinen Kenntnisse, bekommen zusätzliche, nützliche Informationen und mit ein wenig Glück haben Sie eine unterhaltsame, vergnügliche Lektüre. Hierzu beachten Sie bitte die Literaturhinweise.

Eine Route auf einem Fels zu finden, ist nicht schwer – zumindest in der Theorie. Die meisten wichtigen Felsen werden in etlichen Führerbüchern beschrieben. Manche Führer widmen sich einem einzigen Felsen, andere wiederum beschäftigen sich mit einer Felsgruppe einer bestimmten Region; ein paar Bücher liefern Details jeder einzelnen bekannten Route eines klar umrissenen, kleinen Gebietes, während andere eine Auswahl von bekannten und beliebten Routen aus einem größeren Umkreis anbieten.

Großbritannien hat vermutlich die meisten und umfassendsten Führer-

Rechts: Filmaufnahmen auf der »Mojo«-Route (E 1 5 b) am walisischen Craig y Forwyn, einem steilen Kalksteinfelsen.

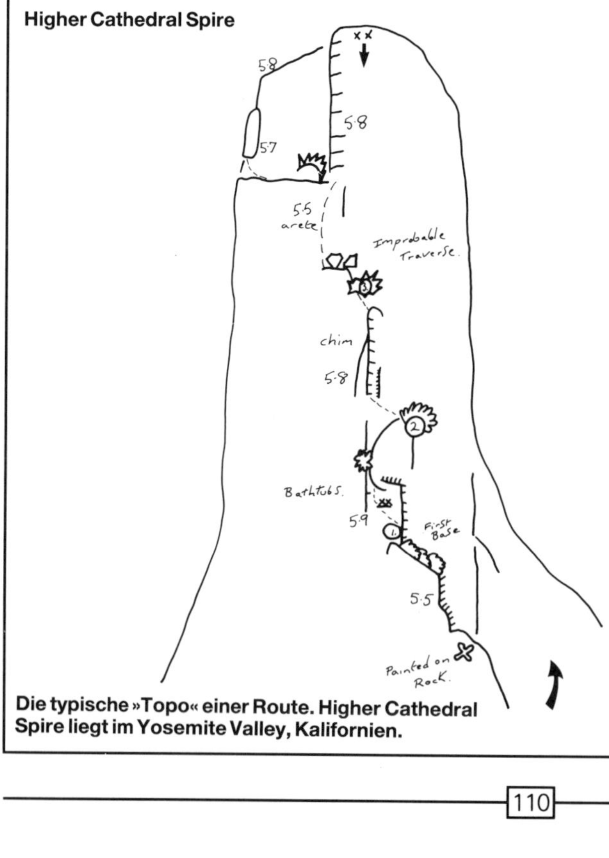

Die typische »Topo« einer Route. Higher Cathedral Spire liegt im Yosemite Valley, Kalifornien.

bücher aller Kletternationen, obgleich Frankreich und die USA fast gleichauf liegen. Ein guter Kletterführer sollte folgende Informationen enthalten: einige geschichtliche Anmerkungen; Erste Hilfe und Hilfsmaßnahmen bei einem Unfall; Hinweise auf Campingplätze und andere Übernachtungsmöglichkeiten, über Zufahrtstraßen, Hütten, Wege; und selbstverständlich über die Felsen selbst. Einige Führer bieten noch zusätzliche Informationen über Flora, Fauna und Geologie.

Ein Führer ist immer das, was der Autor daraus macht. Folglich gibt es gute und schlechte. Die meisten enthalten eine Erklärung zum Bewertungssystem der jeweiligen Region oder des Landes und markieren die Qualität besonderer Routen mit ein bis drei Sternen. Die Routen selbst werden entweder in einer schriftlichen Beschreibung dargestellt oder einfach mit topographischen Zeichnungen (»Topos«) oder durch auf Fotos eingezeichnete Linien illustriert. Zuweilen findet man auch eine Kombination aller dieser Elemente.

Die schriftlichen Darstellungen reichen je nach dem Geschmack des Autors von spärlichen, prosaischen Notizen bis zu beredten poetischen Schilderungen; einige sind wissenschaftlich-trocken, andere mit persönlicher Anteilnahme geschrieben; manche sind ernsthaft, andere voller Humor; ein paar beschreiben schrittweise jede Bewegung: ».. ein guter rechter Handriß und ein kleiner Tritt auf der linken Seite erlauben einen langen Griff bis zu...«; ein paar geben nur ganz allgemeine Hinweise: »... klettern Sie noch 300 Meter nach oben...«. Letzten Endes werden jedoch alle ihrer Aufgabe gerecht – nämlich, Sie zum Fuß des Felsens und der Route Ihrer Wahl zu bringen. Aus fast allen Führerbüchern erfahren Sie, wie schwer und wie lang die Route ist; bei vielen erhalten Sie diese Informationen auch für jede, die Route betreffende Seillänge.

Traditionell erhält eine Route ihren Namen vom Erstbegeher und vermutlich hat dieser auch den Schwierigkeitsgrad festgelegt, der allerdings später, wenn mehrere Kletterer diese Route begangen haben, noch revidiert werden kann. Den Namen behält man für gewöhnlich bei. Das Spektrum der Routennamen ist so vielfältig wie der Geschmack der Kletterer; es reicht von sachlich-nüchternen bis zu exotischen Bezeichnungen, zum Beispiel: Right Eliminate, Ordinary Route, the Naked Edge, Ride the Wild Surf, Cockblock, Comes the Dervish, Raped by Affection, Hitler's Buttock, Cardiac Arrête, Pilier de l'Arab Demante. Die Liste ließe sich endlos fortsetzen.

Natürlich kann nichts und niemand Sie davon abhalten, alle Ratschläge in

Bewertungssysteme

Großbritannien	UIAA*	DDR	Tschechoslowakei	Frankreich	USA	Australien
wenig schwierig	III				5.0	4
schwierig	III+				5.1	5
ziemlich schwierig	IV–				5.2	6
sehr schwierig	IV				5.3	7
besonders schwierig	IV+				5.4	8, 9
äußerst schwierig	–V–				5.5	10, 11
	V			4c	5.6	12, 13
	V+	VIIa	VI	5a	5.7	14
	VI–	VIIb	VII	5b	5.8	15
	VI	VIIc	VIIa	5c	5.9	16, 17
	VI+	VIIIa	VIIb	6a	5.10 – a	18
	VII–	VIIIb	VIIc		5.10 b	19
	VII	VIIIc		6b	5.10 c	20
	VII+				5.10 + d	21
	VIII–	IXa		6c	5.11 – a	22
	VIII	IXb			5.11 b	23
				7a	5.11 c	24
	VIII+	IXc			5.11 +	25
	IX–	Xa		7b	5.12 –	26
	IX				5.12	27
	IX+			7c	5.12 +	28
						29
	X–					30
	X			8a	5.13	

Großbritannien (technische Grade):
- extrem: 4a, 4b
- sehr extrem: 4a, 4b, 4c
- 4b, 4c, 5a
- äußerst extrem: 4c
- E1: 5a, 5b, 5c
- E2: 5b, 5c, 6a
- E3: 5c, 6a, 6b
- E4: 5c, 6a, 6b, 6c
- E5: 6a, 6b, 6c
- E6/7: 6b, 6c, 7a

* Union Internationale des Associations Alpines

den Führern zu ignorieren und überall dort zu klettern, wo immer Sie es wollen oder können. Am Ende eines Tages haben Sie die Befriedigung, ausschließlich zu Ihrem eigenen Vergnügen geklettert zu sein, der Name, der Schwierigkeitsgrad oder die Länge der Route waren Nebensache. Die meisten Kletterer verfolgen jedoch konventionellere Pfade und halten sich an bekannte Routen mit bekanntem Schwierigkeitsgrad und gebrauchen den Führer zur Abstimmung des Schwierigkeitsgrades mit ihren Fähigkeiten und Neigungen. Manche sind ständig auf der Suche nach neuen Routen und haben immer ein paar potentielle Namen auf Lager.

Zusammenfassend kann man sagen, daß Führerbücher zwar nicht unbedingt erforderlich, aber außerordentlich nützlich sind – eine ständige Informationsquelle und eventuell eine unterhaltsame Lektüre.

Bewertungssysteme

Es gibt so viele Bewertungssysteme wie Kletternationen, aber wenigstens intern haben sich die meisten Länder auf ein System geeinigt. Der Schwierigkeitsgrad eines bestimmten Felsens oder einer Seillänge hängt in erster Linie von der subjektiven Einschätzung des Erstbegehers ab und wird von den Wiederholern der Route entweder bestätigt oder berichtigt. Überraschend ist, wie häufig ganz unterschiedliche Persönlichkeiten bezüglich des präzisen Schwierigkeitsgrades einer bestimmten Seillänge übereinstimmen, wie häufig also die subjektive Bewertung Allgemeingültigkeit hat.

Am besten verdeutlicht man die Bewertungssysteme anhand einer Tabelle und einer weltweiten Gegenüberstellung, obgleich auch damit im günstigsten Fall eine Annäherung der Werte erreicht wird. Das australische System basiert wohl am ehesten auf Logik. Hier wird der Schwierigkeitsgrad fortschreitend von 4 bis 10 auf einer nach oben offenen Skala bestimmt (1 und 3 sollte man als Spaziergang werten). Theoretisch kann es den Grad 31, 32, 33 und mehr geben. Wie aber wird die Einstufung einer Route in einen bestimmten Schwierigkeitsgrad vorgenommen? Dieser Beurteilung liegt ein fein abgestuftes System zugrunde. Das beschreibende britische System – maximal bis zu äußerst extrem – ist alles andere als exakt, deshalb kann eine »schwierige« Route selbst für den allerersten Kletterversuch eines Anfängers geeignet sein. Auf die beschreibende Definition des Schwierigkeitsgrades folgt noch der E-Grad, bei dem wieder von vorn begonnen wird. »E« steht für extrem. Auch diese Skala ist nach oben offen und endet gegenwärtig bei E8. Die arabische Ziffer gibt den technischen Schwierigkeitsgrad an. Ursprünglich wurde diese Gradbezeichnung für das Klettern auf Findlingen mit wenigen oder gar keinen Schwierigkeiten entworfen. Aber nach und nach hat die ganze Nation dieses System übernommen und benutzt es heute zusammen mit der beschreibenden Definition des Schwierigkeitsgrades.

Auch das amerikanische System weist logische Brüche auf. Es beginnt mit einer einfachen numerischen Fortschreibung von 5.0 bis 5.9, aber dann, ab 5.10, werden noch alphabetische Abstufungen von 5.10a bis 5.10d eingefügt. Dieselben Unterteilungen tauchen auch wieder bei 5.11 auf, danach kehrt das System jedoch wieder zur einfachen 5.12 und 5.13 zurück.

Beginnen Sie am besten einfach und bescheiden; Sie können sich das nächste Mal jederzeit für eine schwierigere Route entscheiden. Der umgekehrte Weg ist sehr viel schwieriger. Verhalten Sie sich bei Ihrer allerersten Begehung ausgesprochen vorsichtig, damit Sie ein Gefühl für die Festlegung des speziellen Schwierigkeitsgrades bekommen. Von manchen Routen werden Sie enttäuscht sein, aber für einen Anfänger ist keine Begehung Zeitverschwendung. Auf den ersten Versuch in einer neuen Region trifft Ähnliches zu. Es ist immer besser, sein Ziel nicht zu hoch zu stecken – es gibt etliche berüchtigte örtliche Ungereimtheiten. Europäische Kletterer kommen auf den Routen in den USA häufig nicht mehr weiter oder werden manchmal sehr frühzeitig – das heißt, noch ehe sie den Boden verlassen haben – durch die legendären Rißklettereien im Yosemite Valley aufgehalten, denn diese Spalten sind sehr gewöhnungsbedürftig.

Hinter der Einführung des europäischen UIAA-Systems steckte die Absicht, damit internationale Anerkennung zu finden, aber es wurde nur vorübergehend akzeptiert. Heute wird es hauptsächlich in den Ostalpen für die Bewertung von Freikletterrouten im Gebirge und für den Schwierigkeitsgrad einzelner Seillängen in den Westalpen benutzt. Ansonsten halten sich die Franzosen für die einzelnen Klettergebiete an eine andere Skala (siehe Tabelle). Ebenso haben viele andere europäische Staaten eigene nationale Skalen. Hin und wieder gibt es sogar für einen einzigen Felsen ein besonderes Bewertungssystem. Ganz so verwirrend, wie es sich anhört, ist es allerdings nun auch wieder nicht. Nach ein oder zwei probeweise gekletterten Routen hat man meist ein Gespür für die verschiedenen Schwierigkeitsgrade entwickelt.

Verzeichnis der charakteristischen Merkmale der Felsen

Amphitheater eine sehr große Felsvertiefung.
Block ein fast quadratischer Felsbrocken, der sowohl fest mit dem Fels verankert als auch lose sein kann.
Gesims fensterbrettähnlicher Felsabsatz, flach. Er kann nur ein paar Zentimeter, aber auch ein paar Meter breit sein.
Glacis eine leicht geneigte Felsplatte.
Grat eine scharf ausgeprägte Felsrippe, fast wie die Ecke eines Gebäudes, ein steiler Kamm.
Gufel seichte, höhlenartige Felsvertiefung.
Kamin ein Felsriß, der breit genug ist, um den ganzen Kletterer in sich aufzunehmen.
Klemmblock ein in Rissen verkeiltes Felsstück.
Kanzel eine Felsausbildung, die dem Bug eines Schiffes ähnelt.
Mulde eine Felsvertiefung, nicht so ausgeprägt wie ein Gufel.
Nadel ein Felsfinger.
Off-width breit genug für einen Körperriß, aber nicht, um den ganzen Kletterer in sich aufzunehmen.
Pfeiler eine sehr deutlich abgesetzte Felspartie.
Rinne eine tiefe Felsspalte, die über die gesamte Länge des Felsens verlaufen kann.
Rippe eine vorspringende schmale Felspartie, abgerundeter als ein Grat.
Runse eine seichte Felsvertiefung.
Scharte schmaler Grateinschnitt.
Schuppe abstehendes Felsteil, teilweise auch abgespalten. Eine Schuppe kann variieren von der Größe eines Daumennagels bis zu Haushöhe.
Sockel eine abgeflachte, frei stehende Zinne.
Turm frei stehendes Felsteil, ähnlich wie ein Kirchturm.
Überhang dachartig ausgebildeter Felsabschnitt.
Verschneidung zwei in stumpfem Winkel zusammentreffende Wände.
Vorsprung ein kleiner Überhang.

Kapitel 9

Von den Spielregeln der Kletterer: Ethik und Stil

Ethik betrifft »... Handlungen, die andere Mitglieder der Klettergemeinschaft in Mitleidenschaft ziehen...« Royal Robbins, ein führender Yosemite-Kletterer der 60er Jahre.

Der Klettersport übt heute auf sehr viele einen großen Reiz aus, aber es ist ein Sport, der keine Gegenspieler, keine Mannschaftsaufstellung, keine Schiedsrichter, keine Zuschauermassen und keine formalen Regeln kennt. Gewisse Spielregeln gibt es dennoch: Regeln, von den Kletterern selbst ziemlich hochtrabend Ethik genannt. Vermutlich betrachten sich die Kletterer als Akteure auf einer anarchistischen Bühne, deshalb liegt ihnen wohl das Wort »Regeln« schwer im Magen. Interessant an den Kletterregeln ist, daß sie niemals von Verbänden und offiziellen Funktionären aufgestellt oder publik gemacht wurden, die Kletterer sich dieser Regeln aber, vielleicht gefühlsmäßig, bewußt sind – auch wenn sie diese unbekümmert übertreten.

Einem Anfänger die Feinheiten der Klettertechnik zu verdeutlichen, ist nicht ganz einfach. Auch ist nicht leicht zu erklären, wozu die Regeln eigentlich existieren. Zwei sehr verschiedene Erläuterungen aus zwei sehr unterschiedlichen Quellen vermögen eventuell Licht in das Dunkel der Ethik des Sports ohne Regeln zu bringen. Dennis Kemp, ein angesehener und respekteinflößender britischer Kletterveteran schreibt in seinem hervorragenden kleinen Handbuch »Rock Climbing« über die Ethik:

»Da ist dieser Fels in Wales, den ich so gerne klettern würde. Er soll großartig sein; jeder Kletterer von Rang hat ihn durchklettert; er ist sehr schwer, meine Fähigkeiten entsprechen seinem Schwierigkeitsgrad noch nicht. Im Moment kann ich ihn unmöglich durchsteigen, aber eines Tages werde ich hinaufgehen und voller Stolz zu meinen Freunden sagen können: ›Jawohl, ich habe den Vector geschafft.‹

Aber in Wahrheit bin ich unter der Führung eines fähigen Freundes geklettert. Und das ist nicht dasselbe, wie selbst im Vorstieg zu sein. Bei meinem Versuch, auf der mittleren Seillänge als Erster zu gehen, bin ich auf halbem Weg gescheitert. Nun kenne ich diese Route und weiß, welche Abläufe notwendig sind... Als Zweiter fand ich mehr als genug Fixpunkte vor. Folglich habe ich ›Hilfsmittel‹ benutzt.

Kann ich auch als Zweiter behaupten, ich wäre sauber geklettert? Immerhin hätte ich mir die Kletterei noch leichter machen können, wenn ich mehr Gebrauch von den Zwischensicherungen gemacht hätte, die mein Seilerster plaziert hat. Wäre das rechtens gewesen? Könnte ich auch eventuell mit einer Top-Rope-Sicherung klettern? Muß man nicht irgendwo eine Grenze ziehen? Könnte ich auch behaupten, ich hätte den Vector bewältigt, wenn ich bis zum Standplatz an der Höhle an einer langen Leiter hinaufgeklettert wäre?

Meiner Meinung nach kann ich die Route je nach Lust und Laune so klettern wie ich will. Wenn es keiner sieht, kann ich an einer langen Leiter hinaufklettern oder mich auf Leisetreterart irgendwie hochschummeln, vorausgesetzt, es ist das, was ich will und was mir Freude bereitet, und ich gehe anschließend nicht hin und behaupte, ich hätte den ›Vector‹ durchstiegen. Das wäre Betrug. Unethisch. Schließlich will ich den Respekt meiner Gefährten gewinnen und nicht verlieren... Entscheidend ist also absolute Ehrlichkeit. Ich muß sagen: ›Ich habe den Vector nicht geschafft – ich ging die Route, aber ich benutzte technische Hilfsmittel‹. Damals bin ich nur gestürzt, weil meine Hände an dem schmalen und glitschigen Griff gezittert haben. Ich habe meinen eigenen Fähigkeiten nicht getraut, die Ruhe verloren und bin gestürzt. Wäre es gerechtfertigt gewesen, zur Verbesserung des Griffs mit einem Hammer ein Stückchen Fels abzuschlagen? Die Antwort darauf lautet eindeutig: niemals! Klettere, wie es dir Spaß macht, aber beschädige oder verändere niemals die Route.

Aber was wäre, wenn ich an dem schmierigen Griff Kreide verwendet hätte? Das beschädigt oder verändert die Route doch nicht. Du weißt genau, daß das nicht stimmt. Zum einen sind kreideverschmierte Griffe schlicht und einfach häßlich, zum andern nimmt man den nachfolgenden Kletterern die Chance, die Route selbst zu entdecken. Aber gerade das Auffinden der richtigen Griffe ist ein Teil des Vergnügens und der Beweis für die Geschicklichkeit eines Freikletterers. Falls unbedingt nötig, benutze Kreide für die Griffigkeit der Finger, aber sobald sie Spuren am Fels hinterläßt, ist es eine Aktion, die andere Kletterer beeinträchtigt. Unethisch.

Was Beschädigungen anlangt, wollen wir einmal das Problem mit den Haken betrachten. Schlag einen Haken in einen Riß, der so schmal ist, daß er niemals als Handriß in Frage käme und du bekommst eine Plazierungsmöglichkeit für eine Zwischensicherung. Der Zweite entfernt Haken und Sicherung und läßt den Fels in dem Zustand zurück, in dem du ihn vorgefunden hast. Oder jedenfalls beinahe. Das Einschlagen und Entfernen des Hakens beschädigt und erweitert den Riß, läßt eine unsichtbare Narbe zurück. Auf beliebten, viel begangenen Routen sind diese Felsverunstaltungen und Rißerweiterungen häufig anzutreffen. Die Route kann sich durch solche Manipulationen völlig verändern.

Die moderne Ethik ist ganz einfach: Benutze keine Haken, sondern Klemmkeile. Zuweilen geht es jedoch mit der Ethik konform, Haken für Zwischensicherungen zu benutzen, besonders, wenn es tatsächlich die einzige Möglichkeit ist und sie bereits von Vorgängern eingeschlagen wurden. Nimm keine Hilfe in Anspruch. Gehe eine Route so lange, bis du sie durchklettern kannst. Gelingt dir das nicht, mußt du entweder den Rückzug antreten oder dich abseilen. Wenn du Hilfe irgendwelcher Form brauchst, kannst du niemals behaupten, die Route bewältigt zu haben.

Diese strikte moderne Ethik ist recht anspruchsvoll. In die stets ungefähr zehn Jahre hinter der Zeit herhinkenden Führerbücher hat sie noch keinen Eingang gefunden. In Routenbeschreibungen werden

Abseilen zum Inspizieren einer Route vor dem ersten Aufstieg. Eine fragwürdige Methode?

häufig Fixpunkte erwähnt, aber der Kletterstandard und die technische Ausrüstung sind seit damals weit fortgeschritten...

Weiter ist es meiner Ansicht nach auch von großer Bedeutung, daß der moderne junge, nach ethischen Maßstäben kletternde Mensch ›ein Freund der Natur‹ sein sollte, der alles unterläßt, was ›den Fels verletzt‹, das heißt, ›nichts unternimmt, was der Umwelt Schaden zufügt‹. Zu einem solchen Verhalten gehören ebenfalls gewisse Regeln, wie etwa den eigenen Abfall wieder mitnehmen und nicht einfach unter einen Stein schieben, den Fels vom Müll anderer Leute zu säubern, denn diese Hinterlassenschaften sind eine Beleidigung für das Auge und beeinträchtigen die Freude an der Natur. Dazu gehört auch, ein paar Meter Fußweg vom Parkplatz in Kauf zu nehmen, um die Lärmbelästigung der Anwohner in Grenzen zu halten, und jede Scheune, in der man übernachtet hat, hundertprozentig makellos zu verlassen.«

Diese recht gelungene Zusammenfassung der ethischen Diskussion hat Dennis 1975 geschrieben. Interessanterweise hat sich die Kletterwelt den »Regeln« auf ihre typische, eigenartige Weise angepaßt – in einer Art unterbewußten Übereinstimmung. Kreide ist gerade »in«; große weiße Wolken zeugen davon. Wer aus den oben angeführten Gründen etwas dagegen einzuwenden hatte, mußte erleben, wie seine Einwände durch einen Aufstand der Kletterer beiseite gefegt wurden. Die Entdeckung, daß Kreide die Chancen verbessert und viele Dinge erleichtert, veranlaßte diese Kletterer, ihren Ehrgeiz über die Ethik zu stellen. Oder vielleicht haben sie die Ethik einfach übersehen. Oder sich nicht darum gekümmert. Wie auch immer, die meisten benutzen heute vorsätzlich Kreide. Aus diesem einfachen Grund ist Kreide im Augenblick und in absehbarer Zukunft vom Standpunkt der Ethik aus in Ordnung – oder zumindest nicht mehr unethisch. Haken allerdings sind völlig »out«. Vermutlich werden Sie sich ab und zu über diese Einstellung hinwegsetzen und insbesondere für Zwischensicherungen auf einer neuen E7 ein paar Haken einsetzen. Aber niemand würde Ihnen je ver-

Die Werkzeuge bei der Vorabinspektion; eine Drahtbürste, Hammer und viele vorplazierte Zwischensicherungen. Eine fragwürdige Methode.

zeihen, wenn Sie einen Haken in eine neue »äußerst schwierige« Route oder auf einer alten Route jeden Schwierigkeitsgrades einschlagen. Was Bohrhaken anbelangt, ist die Situation nicht ganz eindeutig. Zur Zeit werden sie in Großbritannien nahezu wahllos in Kalkstein und Schiefer gebohrt, für Sicherungen und Zwischensicherungen auf schwierigen neuen Routen – das soll heißen, ab E3 aufwärts. Oft werden sie durch Abseilen schon vor der Begehung plaziert. Gegenwärtig diskutiert die Kletterwelt über die Frage, wo bei all dem die Ethik bleibt. Einen zweiten Versuch unternahm vor kurzem Malcolm Campbell mit der Aufstellung folgender »Regeln«:

1. Erstbegehungen können ein Minimum an »Säuberung« der Vegetation beinhalten und auch die Entfernung tatsächlich lockeren Gesteins beim Abseilen. Das »Behauen« von Griffen ist nicht gestattet und die Vorplazierung ist gleichfalls zu mißbilligen.
2. Der Hakeneinsatz sollte auf ein absolutes Minimum beschränkt werden.
3. Bohrhaken zur Erweiterung sollten niemals auf Gebirgsfels vulkanischen Ursprungs, Sandstein oder Grit plaziert werden, ihre Verwendung auf Kalkstein und anderem weicherem Fels wie etwa Schiefer kann nur als letzte Möglichkeit in ansonsten auswegloser Situation akzeptiert werden.
4. Kreide sollte zurückhaltend und nur, wenn unbedingt erforderlich, benutzt werden.
5. Bei der Wiederholung von Routen heißt das anzustrebende Ziel On-Sight-Klettern, »durchsteigen, ohne Sturz, ohne Rast«.
6. Im Falle eines Sturzes (oder eines »technischen Sturzes«, etwa beim Versagen einer Sicherung) sollte der Kletterer sofort bis zur ersten erreichbaren Stelle zurückgehen, an der er ohne Seilhilfe »rasten« kann, ehe er zum nächsten Versuch startet.
7. Nach einem Sturz am Seil hängen und dann von der letzten Zwischensicherung weiterklettern, nennt man »Hangdogging«, und das ist gleichbedeutend mit unsauberem Klettern. Das Stürzen und Herablassen von fortlaufend höher angebrachten Zwischensicherungen bezeichnet man als »Yo Yo«, und dieses Verhalten zählt zu einer anderen Form betrügerischen Kletterns.

Er fügte noch hinzu:

»Etliche Kletterer haben in dem Bemühen, sich an eindeutigere ethische Grundsätze halten zu können, die französische ›Rotpunkt-Regel‹ übernommen, die im Grunde jede ›Regel-Verbiegung‹ erlaubt, solange dem Kletterer ein Rotpunkt-Durchstieg ohne Sturz und ohne Belastung der Zwischensicherungen gelingt. Die Zeit wird erweisen, ob sich diese Ethik gegen die On-Sight-Regel durchsetzen kann. Augenblicklich hat es den Anschein, als würde der Grundsatz vom Start am Boden und sturzfreier Vorstiegsbegehung bis zur Spitze gegen die Schule des ›Besichtigen, Üben, dann Klettern‹ verlieren. Ganz sicher ist nur eines, nämlich, daß sich der Sport weiterentwickelt und Weiterentwicklung beinhaltet Wandel.

Bisher sind zwei Kategorien der Ethik in Erscheinung getreten: die persönliche Leistungsethik und die umweltbezogene Ethik. Dazu könnte man einwenden, daß sich die erstere nur auf dich selbst bezieht, und die zweite nur auf andere, sofern diese davon betroffen sind.«

Immerhin bleiben einem Kletterer verschiedene Wahlmöglichkeiten:

1. Sich, wann immer möglich, an die Regeln zu halten (wenn Sie sich mit diesen identifizieren können!)
2. Sich die Regeln zurechtbiegen, sie passend machen – das heißt, bis man damit Erfolg hat.
3. Behaupten, sich an die Regeln zu halten, sie aber in Wahrheit den eigenen Bedürfnissen anzupassen – das bedeutet Betrug.
4. Alle Regeln zu ignorieren und sich nur an die eigenen Maßstäbe zu halten.

Die meisten Kletterer scheinen mit der Möglichkeit **1** bestens zurechtzukommen, da sie ihrer Mentalität entspricht, denn allzu weit ist die Anarchie vom Klettersport nie entfernt.

Machen Sie sich aber als Anfänger keine Sorgen, falls Ihr Verständnis der ethischen Regeln noch etwas mangelhaft sein sollte.

»Kirkus Climb«, eine klassische Anfängerroute. Auf einer solchen Route gibt es keine Zweifel hinsichtlich der Ethik, hier wird Klettern noch in seiner ursprünglichen Form betrieben, mit Seil, Klemmkeilen und Vergnügen.

Literaturhinweise

Magazine und Zeitschriften

Alpinisme et Randonée (Frankreich)
Ascent (International)
Climber (Großbritannien)
Climbing (USA)
Extrem (Spanien)
High (Großbritannien)
The Iwa to Yuki (Japan)
Mountain Magazine (International)
Rock and Ice (USA)
Vertical (Frankreich)
Wild (Australien)

Technische Handbücher

Ashton, Steve. *Scrambling.*
MacInnes, Hamish. *International Mountain Rescue Handbook.*
New Zealand Mountain Safety Council, *Mountaincraft.*
Scott, Doug. *Big Wall Climbing.*
Shepherd, Nigel. 1987. *Self Rescue Techniques for Climbers and Instructors. Adventure Unlimited, Dolwyddelan.*
Sierra Club Books. *The Climbers' Handbook,* USA.
Wilkerson, James. *Medicine for Mountaineers*

Allgemeine Bücher zum Thema

Jones, Chris. *Climbing in North America.*
Edlinger, Patrick *et al* (Featuring.) *Operata Verticale. Climbing in the Verdon.*
Friend, Joe. *Rock Climbs of Australia.*
Mountaineers, The. *Mountaineering: The Freedom of the Hills. Seattle.*
Mountain Magazine. Whit an Introduction by Terry King. *World Climbing.*
Newman, Bernard (Ed.). *Extreme Rock*
Pause and Winkler. *Extreme Alpine Rock.*
Radcliffe, Peter. Land of Mountains.
Poper, Steve and Steck, Allen. *Fifty Classic Climbs of North America.*
Wilson, Ken (Ed.). *Hard Rock.*

Führerliteratur

Es ist unmöglich, hier Führerbücher über sämtliche Klettergebiete der Welt aufzulisten. Es gibt hunderte, vielleicht tausende davon. Die nachfolgende Adressenliste wird Ihnen jedoch von Nutzen sein, wenn Sie Näheres über verfügbare Führerbücher über ein bestimmtes Land wissen möchten.

Bundesrepublik Deutschland
Deutscher Alpenverein
Praterinsel 5
8000 München 22

Frankreich
Federation Français de la Montagne
Rue La Boetie
F-75008 Paris

Großbritannien
British Mountaineering Council
Crawford House
Booth Street East
GB-Manchester M 13 9RZ

Italien
Club Alpino Italiano
Via Ugo Foscolo 3
I-20121 Milano

Japan
Japanese Mountaineering Association
c/o Japan Amateur Sports Association
11-1 Jinnan
Shibuya-Ku
Tokyo 150

Kanada
Alpine Club of Canada
PO Box 1026
Banff
Alberta TOL OCO

Neuseeland
New Zealand Alpine Club
PO Box 41-038
Eastbourne

Spanien
Federacion Espanola de Montanismo
Alberto Aguilera 3-4
E-Madrid 15

Vereinigte Staaten
American Alpine Club
113 East 90th Street
New York
NY 10028

Stichwortverzeichnis

Die *kursiv* gesetzten Seitenzahlen beziehen sich auf Abbildungen.

S

Widmung

Dieses Buch ist allen unseren Freunden gewidmet.

Wir möchten uns bei allen, die uns geholfen haben, für die freundliche Unterstützung bedanken.
Insbesondere bei der Firma Wild Country, die uns großzügig die Ausrüstung zur Verfügung gestellt hat, und bei Joe Brown, Spezialgeschäft für Kletterausrüstung in Capel Curig sowie bei Climber and Rambler in Betws y Coed für das Ausleihen der Fotoausrüstung.
Unser ganz besonderer Dank gilt schließlich noch Mike Woolridge für seine hervorragenden Zeichnungen.

John Barry. Nigel Shepherd. Januar 1988